KB036997

금융인이 들려주는 살아있는 금융현장

금융권의 현재 미래 이야기

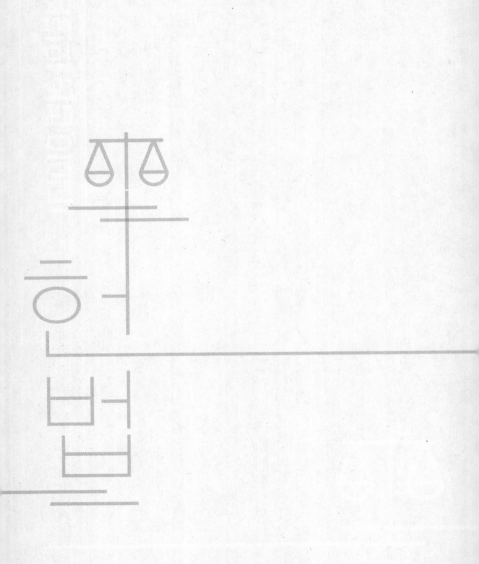

김영란의 헌법 이야기

인간의 권리를 위한 투쟁의 역사

김영란 지음

No free man shall b

러니미드 기념관 연못에 설치된 동판

대헌장 39조인 '자유민은 체포되거나 투옥되지 않는다'를 동판에 거꾸로 새기고 수면에 비치면 읽을 수 있게 했다. (Antony McCollum, 2018, WyrdLight.com)

　　우리나라에서 현재 적용되는 헌법은 1987년 6월 항쟁
이후 새로 만들어진 헌법입니다. 헌법 제10호라고도 불리는데,
헌법 제1호인 제헌헌법 이후 네 차례의 전부개정과 다섯 차례
의 일부개정 역사가 반영된 결과입니다. 헌법 제10호는 6월 항
쟁의 핵심 요구사항이었던 대통령 직선제를 정치권에서 수용
하면서 여·야의 합의로 만들어졌습니다. 이렇게 만들어진 헌
법 제10호에 기초한 체제를 흔히 1987년 체제라고 부르고 비
교적 조용히 시행되어 왔지요.

그런데 2000년대 중반부터, 1987년 체제는 빠르게 변화하는
시대 상황을 제대로 반영하지 못한다는 주장이 설득력을 얻으

면서 개헌 논의가 일기 시작합니다. 2007년 1월경 고 노무현 대통령이 대통령 5년 단임제를 4년 중임제로 개정하는 이른바 원포인트 개헌안을 발의하겠다고 한 이래로 논의는 계속되어 왔습니다.

그동안 우리 사회에는 대통령의 권한에 대한 두 주장이 공존해 왔습니다. 하나는 제왕적 대통령이라는 말이 나올 정도로 대통령의 권한이 너무 크기 때문에 축소해야 한다는 주장입니다. 그리고 여소야대 내각이 구성되면 대통령이 정책을 추진하는 데 힘을 받지 못해 식물대통령이 될 수 있으니, 대통령 선거와 국회의원 선거를 동시에 하되 대통령의 임기를 미국처럼 4년 중임제로 바꿔서 힘을 실어 주자는 주장이 다른 하나입니다. 그 외에도 영국처럼 의원내각제로의 개헌이나 프랑스처럼 이원정부제로의 개헌이 필요하다는 주장도 꾸준히 제기되어 왔지요.

2016년 10월부터 시작된 촛불항쟁 이후에도 개헌 논의는 이어져 왔습니다. 그리고 정부에서는 사회적 요구에 부응한다는 차원에서 2018년 3월 26일 문재인 대통령이 개헌안을 제출했지요. 하지만 같은 해 5월 24일 의결정족수 미달로 인한 투표불성립, 다시 말해 투표함을 열지도 않고 부결된 것을 보면 현재 시점에서는 그 동력을 많이 잃어버린 것 같습니다. 그럼 여기서 헌법 개정안과 관련 있는 헌법 조항을 한번 살펴볼까요?

헌법 제128조 제1항
헌법개정은 국회재적의원 과반수 또는
대통령의 발의로 제안된다.

헌법 제130조 제1항
국회는 헌법개정안이 공고된 날로부터 60일 이내에
의결하여야 하며, 국회의 의결은 재적의원 3분의 2 이상의
찬성을 얻어야 한다.

헌법 제130조 제2항
헌법개정안은 국회가 의결한 후 30일 이내에 국민투표에
붙여 국회의원선거권자 과반수의 투표와 투표자 과반수의
찬성을 얻어야 한다.

다른 법률안은 국회의원 과반수 출석과 출석의원 과반수의 찬
성으로 의결하는 데 비해 헌법 개정안만큼은 재적의원 3분의 2
의 찬성뿐만 아니라 국민투표 같은 특별한 조건을 두고 있습니
다. 이렇게 헌법 개정안에만 까다로운 조건을 달아 놓은 것은,
헌법이 국가의 기초를 만들고 다지는 기본이 되기 때문에 함부
로 바꾸지 못하게 하기 위해서입니다. 현재의 헌법을 개정해야
하는지의 문제는 결국 1987년 체제를 바꿀 필요가 있는지의 문

제가 되겠지요. 그리고 지금이 현재의 체제를 바꿀 시점이라고 판단된다 해도 구체적으로 어떤 점을 바꿔야 하는지를 따져 봐야 합니다.

이렇게 어려운 문제를 제대로 풀어내기 위해서는 정치권과 학계, 언론계에서 개헌의 필요성이 활발하게 논의돼야겠지요. 그러나 그보다 더 중요한 것은 투표권을 가진 국민 스스로가 개헌에 관심을 가져 그에 대한 여론을 형성하는 것입니다. 그런데 개헌 논의가 국민투표에 부쳐지는 것은 마지막 단계이므로 그 전부터 국민들이 개헌 논의를 더욱 잘 이해하고 그 논의에 기여하는 방법은 없을까요? 이 책은 어느 학생의 이런 소박한 질문에서 출발했습니다.

요즘은 발달한 소셜 미디어 덕에 누구나 다양한 방법으로 토론에 참여할 수 있습니다. 헌법 개정과 관련한 논의에 참여하는 방법도 다양하겠지요. 하지만 논의에 뛰어들기 전에 먼저 논의를 잘 이해하고 그 이해에 기반해 자신의 생각을 정하는 것이 순서일 것입니다. 그래서 저는 개헌 논의를 잘 이해하기 위한 방법으로 오늘날의 헌법은 어떤 과정을 거쳐서 만들어졌고 어떤 내용을 담고 있는지, 그리고 그것은 왜 담겼는지를 공부해 보자고 제안합니다. 헌법의 역사 내지는 과거에 관한 공부이지요. 그것은 법에 의한 지배인 법치주의가 이루어지는 과정을 살펴보는 공부이기도 합니다.

하지만 우리 역사에서 헌법에 의한 통치를 논의했던 적은 없습니다. 만약 그랬다가는 역모를 꾸미고 있다며 사형당하는 게 당연한 왕정시대였으니까요. 그런데 왕에 의한 지배와 왕의 권위는 신에게 부여받았다는 왕권신수설이 당연하게 받아들여지던 시기에도 왕의 권력을 헌법으로 제한하는 입헌군주제를 도입하거나 왕을 축출하고 공화정을 세운 나라들이 있습니다. 그들은 헌법을 만들어서 왕정을 제한적인 체제로 만들거나, 왕정을 폐지한 뒤 헌법을 만들었지요. 이후 헌법은 국가를 운영하고 다스리는 기틀이 됩니다. 지금까지 당연했던 왕의 지배 대신 법의 지배가 받아들여진 거지요. 영국, 프랑스, 미국, 독일이 그런 나라들입니다. 따라서 우리나라 헌법의 과정을 알려면 먼저 우리 헌법에 많은 영향을 끼친 네 나라의 헌법이 어떻게 만들어졌는지를 살펴봐야 합니다.

그런데 공부라고 하면 필연적으로 학교 수업이 생각나는데 그렇게 헌법을 알아 가기란 생각만 해도 지루하지 않나요? 그렇다면 공부 대신 헌법이 만들어지는 역사의 현장으로 여행을 떠나 보는 건 어떨까요? 다만 현시점에서 타임머신을 타고 시간을 거슬러 과거로 돌아가는 것은 불가능하니 여기서는 헌법이 만들어지는 현장을 떠올린 다음 관객이 되어 지켜보는 거지요. 이런 궁리 끝에, 여행에는 가이드가 있으니 여행 도중 떠오르는 가상의 질문에 가이드가 대답하는 방식으로 책을 엮어 보았습니다. 한 학생의 질문이 이 책을 쓴 계기가 되었듯이 역사의 현장을 안내할 동력도 질문이지요. 자, 그럼 지금부터 여러분을 헌법의 현장으로 안내하겠습니다.

차
례

시공간을 넘나드는 헌법 여행

먼저 연극을 통한 민주시민 교육이 행해지던 고대 그리스를 살펴보겠습니다. 그런 다음 근대 헌법이 생겨나던 영국, 프랑스, 미국, 독일을 거쳐 우리나라의 제헌헌법의 현장과 1987년 6월 항쟁의 현장을 가 볼 예정입니다. 민주주의를 발명한 그리스에서 민주시민 교육을 어떻게 했는지, 그 방법이 우리에게도 여전히 쓸모 있는지 살펴보고 그 방법을 활용하여 근대 헌법이 생겨나던 현장으로 가 보는 방식입니다. 그리스처럼 연극을 관람시켜 드리지는 못하니 그 역사의 현장들이 머릿속에서 3D, 4D 영상, VR 같은 화면으로 구현된다고 상상해 주시기를 부탁드립니다.

법정에 선 소크라테스

그리스 하면 일단 민주주의를 발명한 나라, 완전한 민

주주의 모습을 보여 주었던 나라라는 생각이 떠오릅니다. 그러
나 한편으로는 소크라테스를 죽음에 이르게 한 나라, 바로 그
민주주의적 방식으로 소크라테스에게 사형을 선고한 나라라는
생각을 떨쳐 버릴 수 없습니다. 소크라테스가 죽은 것은 기원전
399년 6월이니까 무려 2400여 년 이전의 일입니다. 그런데 소
크라테스의 죽음은 아직도 논쟁을 불러일으킵니다.

소크라테스의 재판이 '아테네 법정을 들쑤신 철학자의 도발'이
라고 꼽고 간략하게 소개하는 책《세계를 발칵 뒤집은 판결 31》
(L. 레너드 케스터·사이먼 정 지음, 현암사, 2014)을 볼까요. 이 책에
서는 펠로폰네소스 전쟁(기원전 431~404년)에서 스파르타에게
패한 아테네에 스파르타의 입김을 받는 30인 참주정권(기원전
404~403년)이 들어섰는데, 이 정권이 공포정치를 하였고 그 후
유증 때문에 소크라테스가 제물이 되었다고 설명합니다.

30인의 참주들은 평소 아테네 민주정을 비판해 오던 자들인데
정권을 잡자 부유한 아테네 시민들의 재산을 압류하고 민주정
지도자 약 1500명을 처형했지요. 결국 시민들이 봉기하여 내전
이 일어났고 그 결과 30인 참주정권은 무너집니다. 그런데 30
인 참주의 리더였던 크리티아스와 카르미데스가 플라톤의 친
척이자 소크라테스의 제자들이었으므로 소크라테스는 그들의
정신적인 대부로 여겨졌다는 겁니다. 그래서 소크라테스가 죽
음에 이르렀다는 거지요.

좀 낯선 이론인데요.

소크라테스가 30인 참주들과 가깝게 지냈고, 그 이전에
아테네를 배신하고 스파르타로 간 알키비아데스도 소크라테스
의 제자였으므로 소크라테스가 고발당한 배경에 그런 정치적인
이유가 있었다는 것은 일반적으로 받아들여지고 있습니다. 그
러나 실제로 고발장에 그런 내용이 담겨 있지는 않았습니다. 기
원전 403년, 내전의 상처를 치유하기 위한 사면령이 발효되어서
30인의 참주를 지지했던 자들을 고발할 수 없도록 했기 때문입
니다. 따라서 고발인 측은 소크라테스의 고발장을 작성할 때 사
면령을 어기지 않는 범위에서 고발이 성립하도록 주의를 기울여
야 했고, 소크라테스에게 정치적 혐의를 씌우기보다 불경죄라는
모호한 혐의로 고발했지요. '국가가 인정하는 신들을 인정하지
않은 죄', '다른 신들을 소개한 죄', '젊은이들을 타락시킨 죄'가
고발당한 죄명입니다. 소크라테스 자신도 정치적 의도에 대한
비판은 하지 않았고 자신의 종교적 혐의를 심각하게 받아들였다
고 합니다. 그리고 많은 책에서 소개되고 있듯이 소크라테스가
위 고발의 내용을 반박하는 것은 어려운 일이 아니었지요.

그런데도 소크라테스가 사형 선고를 받은 이유는
무엇인가요.

당시 재판 방식을 살펴보면, 먼저 배심원단은 유/무죄

를 가리는 1차 투표를 합니다. 그리고 1차 투표에서 유죄가 결정됐는데, 정확한 처벌 내역이 법에 적혀 있지 않다면 고발인과 피고발인은 각각 처벌을 제안합니다. 양측의 제안을 받은 배심원단은 다시 2차 투표를 시행해 둘 중 하나를 선택합니다. 소크라테스의 재판에서는 1차 투표에서 배심원 500명 중 280명이 유죄, 220명이 무죄에 표를 던졌어요. 표차가 생각보다 크지는 않았고 유죄 쪽에 표를 던진 사람들도 소크라테스가 위험한 존재이고 무죄 판결을 받는다면 젊은이들에게 계속 악영향을 미칠 것을 염려하여 유죄에 표를 던졌던 것이지 사형까지 가야 한다고 생각하지는 않았다고 해요. 그런데 유죄가 확정되자 고발인 측은 사형을 제안했지요.

소크라테스는 2차 투표를 앞두고 1차 투표 때처럼 다시 긴 변론을 하면서, 자신은 그동안 공공의 이익을 위해 일해 왔으므로 처

01 소크라테스의 죽음

벌이 아니라 보상을 받아야 한다고 주장합니다. 또 죄지은 것이 없으니 구금이나 추방형을 제안하지도 않겠다고 단언했어요. 배심원들에게 자신에게 사형 판결이나 보상을 하는 것 중 하나를 선택하라고 요구한 것이나 다름 없었지요. 그러다 소크라테스는 마지막에 이르러 벌금으로 은화 1므나(장인의 100일치 임금)라면 받아들이겠다며 한발 물러섰고, 이것으로는 부족하다고 생각한 소크라테스의 제자들은 벌금을 30므나로 올려 제안했습니다. 그러나 벌금형만으로는 소크라테스의 활동을 막을 수 없다고 판단한 배심원단은 2차 투표에서 360 대 140으로 소크라테스에게 사형 판결을 내립니다. 1차 투표에서 유죄에 표를 던진 사람보다 더 많은 사람이 2차 투표에서 사형에 표를 던졌지요.

소크라테스가 고발당한 이유를 정치적인 이유와는 다르게 설명하는 이론도 있나요?

미국의 제임스 A. 콜라이아코 교수는 자신의 저서 《소크라테스의 재판》(김승욱 옮김, 작가정신, 2005)에서 소크라테스의 재판은 철학에 대한 재판이었다고 합니다.

소크라테스는 자유와 공동체를 소중하게 생각했지만, 이 두 가지가 갈등을 일으킬 때는 자신의 원칙에 따라 자유를 선택했다. 아테네인들은 공동체와 자유를 소중하게 생각했지만,

둘 중 하나만 선택해야 하는 상황이 되면 대부분의 시민들이
공동체를 우선했다.(콜라이아코, 375)

물론 이때의 자유는 현대적인 의미가 담긴 개인의 자유는 아
닙니다. 아테네에서 인정하는 훌륭한 시민의 기준에 따르지 않
고 자신이 옳다고 생각하는 길을 가겠다는 의미에서의 자유를
말합니다. 양심에 어긋나는 시민의 의무는 거부함으로써 국가
에 복종할 의무보다 신에게 복종할 의무를 우선시하는 것입니
다.(콜라이아코, 185) 그래서 소크라테스의 재판은 철학과 아테네
의 정치 중 하나를 선택하라고 강요하는 것이었다고 하지요. 이
와 비슷하게 소크라테스의 사형은 '개인주의의 성장에 맞선 구
질서의 항의'라거나 '윤리적 사유의 역사적 출발점'이라고 보는
견해들도 있습니다.

그리스의 시민교육

고대철학을 전공한 미국의 학자 폴 우드러프는 자신
의 저서 《최초의 민주주의》(이윤철 옮김, 돌베개, 2012)에서 민주주
의에서 통치의 핵심은 지식이 없는 상태에서 합리적으로 판단
하는 일이라고 말합니다. 시민들은 정치 지도자들이 완벽한 정

치 지식을 가질 것이라는 기대를 버리고 대신 그들에게 무지(無知)에 대하여 정직하기를 요구해야 한다고 주장합니다. 그리고 무지의 부분은 시민들이 논쟁을 통해 상반된 의견을 따져 본 다음 결정하면 된다고 했지요.

우드러프는 "민주주의 안에서 벌어지는 논쟁들, 법적 소송들, 결정을 내리는 데 도움을 주는 연설가들을 뽑아 경청하는 방식"이 지도자들로 하여금 지식을 앞세워 무소불위의 권력을 요구하지 못하도록 막는다고 합니다.(우드러프, 293) 그리고 시민들 또한 무지하므로 전문가의 주장에 대해 판단을 내릴 수 있도록 지혜를 길러 주는 일반 교양교육(paideia)이 필요하다고 합니다. 전문적인 지식훈련과는 다른 이런 교육이 민주주의를 작동하게 하는 측면이 있다는 것입니다. 실제로 고대 그리스에서는 연극이 그와 같은 교육의 역할을 하였습니다.

연극이 단순한 오락이 아니라 교육의 방편이었다는 말씀인가요?

매년 봄, 디오니소스 제사가 열리는 기간에 연극 경연도 열렸다는데요, 사흘 동안 비슷한 주제의 비극이 매일 세 편씩 상연되었다고 합니다. 나중에는 희극도 경연에 참가할 수 있게 되었다고 하지요. 극장에 모인 1만 4000~5000명에 이르는 관객은 매일 열 시간 동안 나무의자에 앉아서 공연을 보았다고 해요. 희극이 당시의 유명 정치가들을 풍자한 데 반해 비극은 정치적이자 윤리적인 탁월함, 즉 경의, 정의, 숙고를 다루었습니다. 비극의 내용은 주로 참주들이 윤리적 주제들의 중요성을 잃어버릴 때마다 파국을 맞는다는 것으로 귀결되었고, 극의 합창단은 언제나 이러한 윤리적 탁월함을 찬양했습니다. 그래서 아리스토텔레스는, 비극은 관객에게 동정심과 경의를 불러일으켜서 해로운 감정을 정화(淨化)시키는 데 목적이 있다고 했지요. 카타르시스라는 것입니다.

경의(敬意, hosiotes 혹은 aidos, reverence)란 인간의 한계를 자각하는 지도자의 덕목을 가리킵니다. 경의를 통해 지도자들은 오만함으로부터 벗어날 수 있다고 하지요. 아테네 극장에서 공연된 작품에서 테세우스(에우리피데스의 비극 〈애원하는 여자들〉의 주인공으로, 작품 속에서 민중이 이곳의 주인이라 외친다. 아테네인들은 민주주의가 신화 속의 왕인 테세우스로부터 비롯되었다고 말한다)와 같은 지도자들은 경의를 갖추었지만 참주들은 그렇지 않은 것으로 표현되었습니다.(우드러프, 334) 정의(正義, dike, justice)란 우리가 일반적으로 알고 있는 정의와 다르지 않고, 숙고(熟考, euboulia, deliberation)란 지식이 없는 상태에서도 좋은 결정을 내리는 능력을 말합니다.(우드러프, 261) 반대 논쟁에 기꺼이 귀 기울이고 불완전한 논변들을 평가하는 능력이지요. 모든 사람이 모든 분야에 전문가가 될 수 없기 때문에 필요한 능력입니다.

아테네의 시민들은 언제든 극장에 갈 수 있었습니다. 가난한 시민들도 극장에 갈 수 있도록 공연 자금이 조성되었기 때문입니다. 그리고 시민들은 연극을 감상하는 것에 그치지 않고 제작에도 참여했다고 합니다. 많은 합창단과 무용단이 시민들로 충원되었고 그들은 긴 훈련을 거치면서 정의와 경의에 대한 찬양을 함께 연습하고 무대에 오름으로써 정치적이며 윤리적인 주제들에 친숙해질 수 있었다고 하지요. 기원전 330년, 공연비로 사용되던 세금을 국방비로 돌려 마케도니아의 침공에 대비하자고 시민들을 설득했던 데모스테네스의 연설만 보더라도 그리스 연극은 시민뿐 아니라 폴리스에도 무척이나 중요했음을 알 수 있습니다.

그리스 시민은 소크라테스의 재판에서는 왜 실패했나?

그리스 연극은 시민들에게 교양교육을 제공하기 위한 도구였으므로 때때로 현실 정치 상황을 반영하기도 했지요. 한편으로는 시대의 변화를 읽지 못하고 관습적인 정신만을 강조하는 경우도 있었을 테고요. 소크라테스의 재판은 달라진 세계를 받아들이지 못하는 당시 아테네 시민들의 모습을 보여 줍니다. 소크라테스식 교육이 민주주의를 공격하고 기존 관습을 허

물어 혼란을 가져올 것이라는 염려 때문에 그의 새로운 교육이 받아들여지지 못했던 거지요.

그러나 민주주의는 필연적으로 현상의 변화를 요구하는 측면이 있습니다. 교양교육의 목표인 정의와 경의에 대한 탐구 자체가 사람들로 하여금 기존 문화와 전통에 순응하지 않고 대립하도록 만들기 때문입니다.(우드러프, 344) 따라서 변화를 억제하거나 맞서서 일어서게 만드는 것보다 균형을 이루게 하는 것, 즉, 변화를 수용해 나가는 방법을 찾는 것이 민주주의가 안고 있는 중요한 과제입니다.

플라톤이 자신이 주장하는 이상 국가에서 시인을 축출하고자 한 것은 시인들이 모든 사람에게 민주주의를 떠받치는 이념들을 교육시켰기 때문이라고 합니다.(우드러프, 331) 플라톤은 정치적 결정을 일반 민중에게 맡겨서는 안 된다고 생각했습니다. 소크라테스의 죽음을 목격한 후로는 그런 생각이 더욱 굳어졌겠지요. 그래서 플라톤이 생각한 나라는 '갈등도 변화도 혁명도 파벌 싸움도 없는' 철학자 왕이 권위적으로 절대적 진리를 가지고 다스리는 나라였던 것이지요.(콜라이아코, 393)

고대 그리스의 민주주의와 소크라테스의 재판에서 반드시 모순만을 읽을 수 있는 것은 아닙니다. 오히려 시대의 변화를 제대로 인지하지 못하고 새로운 사상을 수용하지 못한 국가와 시민, 그리고 새로운 철학적 사명을 전파하려는 철학자 사이에 일어난 철학적 순교자의 이야기를 읽을 수 있습니다. 그래서 헤겔을 비롯한 근대 학자들은 소크라테스의 재판을 두고 각각 일리 있는 두 주장의 비극적 충돌이라고 해석합니다.

당시 아테네에서는 소크라테스의 재판 자체가 하나의 큰 비극의 공연이었습니다. "비범한 개인이며 철학자 영웅인 소크라테스와 국가 사이의 갈등이라는 비극이 아테네 시민 생활의 심장부에서 펼쳐진 것"이었고(콜라이아코, 21), "아테네가 전쟁에서 참담한 패배를 당한 후 도시 안에 존재하던 심각한 긴장이 반영된 드라마"(콜라이아코, 22)였지요. 그런데 당시 아테네가 위기에 처해 있었으므로 시민들의 재판이 제대로 이루어지지 못했다는 겁니다.

요즘에는 학교에서 교양교육을 하는데 고대 그리스처럼 왜 직접 민주주의는 이루어지지 않나요?

산업혁명 이후 대중교육의 시대가 열렸고 현재는 기본 교양교육을 학교가 담당하고 있지요. 그리고 고대 그리스와는 비교도 안 될 정도로 광범위하면서도 깊이 있는 교양교육이 이루어지고 있어요. 그러나 아테네 같은 규모가 작은 도시국가라면 모를까 인구가 많고 영토가 넓은 현대 국가에서는 그리스식의 직접민주주의는 실시하기 어렵고 해당 분야에 능통한 전문가에게 맡기면 된다는 주장, 즉, 대의민주주의가 필요하다는 의견이 설득력을 얻었습니다. 모든 국민이 스스로 정치적 현안을 공부하고 정책을 선택해야 한다는 것은 원론적으로는 옳은 말입니다만 쉬운 일은 아니기 때문이지요.

한편 이런 이유로 도입된 대의민주주의로 인해 민주주의의 주체가 될 국민들이 소외되어 있는 것도 사실입니다. 그렇다면 요즘처럼 대중교육이 잘 이루어지는 사회가 아닌 고대 그리스에서 전문가에게 통치를 맡겨서는 안 된다고 믿은 이유가 무엇일지 생각해 볼 필요가 있습니다. 단순히 규모의 차이만으로 당시에는 직접민주주의가 가능했고 요즘은 불가능하다고 할 문제는 아니기 때문입니다.

> 선장이 항해를 하는 데 있어 선원의 미숙한 의견을 무조건 받아들인다면 그것은 참으로 어리석은 일이다. 하지만 그 선장이 항해에 대한 능숙한 지식을 바탕으로 전쟁에 참가할지에 대한 결정을 내릴 수 있다고 믿는다면 그 역시 어리석기 짝이 없는 일이다. 만약 그 선장이 성공적인 항해 경력을 내세워 정치적 영향력을 행사하려 든다면 그것이야말로 전문가가 오만함에 빠지는 사례라고 할 수 있다. (우드러프, 263)

폴 우드러프 교수는 고대 그리스인의 생각을 이렇게 설명하고 있습니다. 플라톤은 항해에 나선 선장처럼 정치 분야에서도 전문적인 정치 지식을 찾아낼 수 있다면 일반 시민들과 정치를 분리할 수 있을 거라고 생각했지만, 그런 전문적인 지식을 찾아내지는 못했다고 합니다. 국가는 전문적인 영역에서는 반드시 전문가의 말을 들어야 하지만 국가의 결정을 좌우하는 전문적인 지식이란 존재하지 않기 때문이라면서요.(우드러프, 264) 그러므로 민주주의하에서 국가의 결정은 여전히 보통 사람들의 손에 달려 있습니다. 주권자로서 책임을 다하기 위해서는 교양교육을 학교 교육에만 맡기지 않고 다양한 방법을 통해 보완해야 하는 이유가 바로 이것입니다.

그렇다면 주권자로서 늘 선택의 기로에 놓이는 현대의 국민들에게 고대 그리스 시민처럼 연극을 보여 주는 방법도 여전히 쓸모 있지 않을까요? 앞에서 말한 것처럼 오늘날의 헌법이 만들어진 역사의 현장을 실제로 가 볼 수는 없겠지요. 대신 먼저 민주주의를 발명한 고대 그리스에서 했던 민주시민교육의 방법을 빌려 주요 국가들의 헌법이 제정되던 역사적 시공간에 서서 그리스 시민들이 연극을 관람했듯이 역사라는 연극을 관람해 보면 어떨까 생각해 봅니다.

현재 우리나라는 고교 졸업자의 대학진학률이 약 70퍼센트로 OECD 국가 중에서 가장 높은 순위를 기록할 만큼 고등교육에 열중하는 나라라 할 수 있지요. 그렇다고 해도 헌법을 개정하는 문제라든가 첨예하게 대립하는 정치적 문제들에 대해 주권자로서 올바른 결정을 내리기는 쉽지 않습니다. 헌법을 개정하려면 국민투표까지 가야 하는 등 많은 과정을 밟아야 하지만 무엇보다 모든 사람이 헌법에 관련된 지식에 능통하지 않다는 현실적인 문제가 가장 큰 어려움이지요.

그런데 만일 주권자인 국민이 역사의 현장으로 달려가 어떤 시대적 열망이 사람들을 그 현장으로 이끌었고, 그 열망은 어떻게 성공했고 어떻게 실패했는지 생생히 느껴 본다면 어떨까요? 그런 후에는 우리에게 헌법 개정 같은 주권자로서 선택의 순간이 다가와도 긴 훈련 과정을 거친 아테네 시민처럼 제대로 선택할 수 있는 안목을 가질 수 있지 않을까요? 소크라테스의 재판을 했던 아테네 시민들은 변화를 두려워하여 민주주의의 주체로서 아쉬운 선택을 했지만, 그 과정을 명확히 알면 우리는 같은 잘못을 범할 위험을 줄일 수 있다는 기대감도 생깁니다.

자 그러면, 이제 한 발자국씩 역사의 현장으로 가 봅시다. 저 또한 아테네의 합창단에서 활약했던 한 사람의 아테네 시민이 된다고 상상하면서 여러분과 함께하겠습니다.

1장

영국의 대헌장, 헌법의 주춧돌이 되다

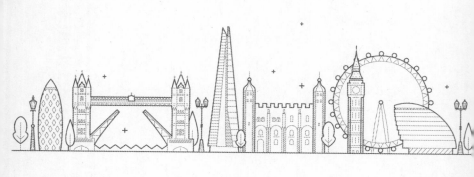

로빈 후드는 왜 등장했을까?

먼저 찾아가 볼 현장은 1215년의 영국입니다. 그해 영국에서는 무슨 일이 일어났고 그 일이 세계의 역사에 어떤 영향을 끼쳤는지를 살펴볼 겁니다. 당시 영국의 인구는 약 400만 명이었는데 늘어난 입을 감당하기 위해 새로운 농기구나 물레가 발명되었으며 풍차나 투석기, 말을 이용하는 운송수단들이 사용되는 등 기술적인 진보가 이루어졌지요. 빈부격차는 점점 더심해져 갔지만 노예 노동이 금지되어 농노제가 시작되던 시절이기도 했습니다. 영주들은 농노들의 노역으로 농사를 지어서 거기서 나온 수익으로 살아갔고 이후에는 직접 장원을 경영하는 대신 점차 소작료를 받는 식으로 변해 갔습니다. 동시에 부유해진 소작인이 상류사회로 진입하는 경우도 나타났다고 합니다. 이에 따라 농노제하에서의 자유, 자치도시나 교회의 자유, 상업의 자유 등이 새로운 문제로 대두되었던 시대였지요.

1215년에 사회경제사적으로 커다란 전환이 일어난 것

은 알겠습니다. 그렇지만 콕 집어서 그때를 찾아가 보는 이유가 있나요?

그 이유는 차차 말씀드리기로 하고 이 책을 먼저 살펴볼까요. 1883년 하워드 파일이 쓴 《로빈 후드의 모험》입니다. 의적과 명궁의 대명사인 인물로 우리가 영화나 동화에서 자주 만난 로빈 후드 이야기가 민요로 전승되다가 이야기책으로 나오게 되었지요. 책은 로빈 후드가 왜 셔우드 숲에 숨어 살게 되었는지를 알려 주는 에피소드부터 시작합니다.

로빈 후드는 열여덟 살이 되었을 때 숲에서 만난 삼림감독관과 화살을 쏘아 수사슴을 맞히는 내기를 해서 이깁니다. 그러자 삼림감독관은 로빈 후드에게 화살을 쏘았고, 화살을 간신히 피한 로빈 후드가 자신을 죽이려 한 삼림감독관에게 반격해서 그를 죽이게 됩니다. 죄를 지은 로빈 후드는 더 이상 마을에서는 살 수가 없어 셔우드 숲으로 피신했고 그곳에서 비슷한 이유로 숨어 사는 다른 범죄자들의 추대로 대장이 되었지요. 그들 중에는 굶주림을 견디다 못해 왕실에서 키우는 사슴을 사냥하다가 삼림감독관에게 들켜서 숲으로 도망친 사람들도 있었고, 지체 높은 귀족이나 성직자에게 땅을 빼앗기거나 물려받은 숲이 국유지가 되는 바람에 강제로 쫓겨나 숲속에 숨어 사는 사람도 있었지요. 로빈 후드는 대장이 되자 성직자, 귀족, 대지주가 세금, 소작료, 벌금이라는 명목으로 빼앗아 간 돈을 다시 빼앗아 가난한 사람들에게 나누어 주는 일을 벌였어요. 그러다 보니 로빈 후드의 영향력은 점점 커졌고 셔우드 숲이 있는 노팅엄주 장관이나 성직자들은 골머리를 앓지요. 노팅엄주 장관은 로빈 후드를 체포하려고 이런저런 일들을 벌였으나 실패만 거듭했어요.

그러던 어느 날, 로빈 후드를 영국의 엘리노어 왕비가 왕궁으로 초청했고 로빈 후드는 초청에 응합니다. 로빈 후드는 헨리 왕이 개최한 활쏘기 대회에도 참석해 헨리 왕의 궁수들을 꺾고 1등을 차지했어요. 이후 셔우드 숲을 찾아온 헨리 왕의 후계자 리처드 왕과 완력을 겨루는 등 이름을 날리다가 리처드 왕의 근위대장이 되어서 왕을 보좌하여 십자군 전쟁에 나가기도 했지요. 리처드 왕이 전사한 후 다시 셔우드 숲으로 돌아온 로빈 후드는 사촌 여동생이 원장으로 있는 수녀원에서 파란만장한 죽음을 맞게 됩니다.

로빈 후드는 실존 인물인가요?

아닙니다. 영국의 민담에 등장하는 가공의 인물이라고 하지요. 그렇지만 당시에 비슷한 가명을 사용하던 산적 두목들이 있었다고 합니다. 우리나라의 홍길동 이야기도 실제 역사 속의 도적 홍길동에게서는 이름만 따왔고 전혀 다른 이야기로 펼쳐진 것처럼, 로빈 후드라는 이름을 쓴 산적들도 실제로는 의적과는 거리가 멀었다고 합니다.

그럼 이야기에 등장하는 다른 사람들도 모두 작가가 만들어 낸 인물인가요?

그렇지는 않습니다. 헨리 왕은 영국의 헨리 2세를 말하고, 엘리노어 왕비는 헨리 2세의 아내이며, 리처드 왕은 두 사람의 아들인 리처드 1세를 말합니다. 그리고 이 책의 마지막 부분에 나오는 존 왕은 두 사람의 막내아들이지요. 엘리노어 왕비는 수백 년간 유럽에서 가장 뛰어난 왕비였다는 이야기를 듣기도 했던 훌륭한 왕비입니다. 리처드 왕은 사자심왕(The Lionheart)이라는 이름에 걸맞게 제3차 십자군 전쟁에서 살라딘(살라흐 앗 딘)을 상대로 승리를 거두어 이슬람 사람들을 공포에 떨게 한 용맹한 왕이었습니다. 그리고 존 왕은 우리가 앞으로 살펴보려는 대헌장(마그나 카르타)과 관련이 있는 사람이지요.

아, 바로 대헌장을 승인한 존 왕이군요.

그렇습니다. 그 이야기는 뒤로 미루고 지금은 로빈 후드 이야기를 조금만 더 할게요. 영국에 노르만왕조를 세운 윌리엄 1세는 사냥을 좋아해서 넓은 지역을 일반인이 출입할 수 없는 동물보호구역으로 지정합니다. 그리고 백성들이 사슴이나 멧돼지를 사냥하는 걸 금지했어요. 그의 후손인 헨리 2세도, 리처드 1세도 어찌나 엄격하게 사냥을 금지했는지 사슴들은 사람이 다가가도 두려워하지도, 피하지도 않았을 정도라고 하지요.

마치 힌두교를 믿는 나라의 소들처럼요. 숲을 관리하던 삼림감독관은 허가받지 않은 사냥이나 개간, 경작을 하는지 감시했고 위반자는 감옥에 가뒀다가 벌금을 내야 풀어 주었지요. 이렇게 왕실은 삼림법을 제정해 엄청난 수입을 올리고 있었어요. 이에 따라 삼림감독관도 많은 원성을 샀겠죠? 이런 시대를 배경으로 만들어진 민담이 발전해 로빈 후드 이야기가 된 것입니다. 존 왕이 승인한 대헌장을 보면 제47항에 "짐의 시대에 삼림으로 지정된 모든 삼림은 즉시 해제한다"라는 부분이 있는데 그 조항은 로빈 후드 이야기를 알게 되면 쉽게 이해가 되지요.

재판제도의 틀을 다진 헨리 2세

존 왕의 이야기를 하기 전에 먼저 그의 아버지 헨리 2세 이야기를 먼저 해 보도록 할까요. 나라를 세운 창업자의 아들이나 손자, 증손자가 할 일은 국가의 기틀을 다지는 것이겠지요. 그 기틀을 어떻게 다지느냐에 따라 왕조의 역사가 결정된다고 할 수 있을 만큼 중요한 작업입니다. 우리나라에서도 조선의 세종 이도는 태조 이성계와 태종 이방원이 나라를 세우면서 미처 챙기지 못한 점을 손보고 제도를 정비하여 한국 역사상 가장 존경받는 왕으로 기록됩니다. 고려의 광종 역시 태조 왕건의 아들로서 체제를 정비했다고 할 수 있지요. 로빈 후드 이야기에 나오는 헨리 2세는 윌리엄 1세의 증손자로 영국의 기틀을 세운 왕이었다고 할 수 있습니다.

그전에는 영국이 없었다는 말씀이신가요?

그런 이야기는 아닙니다. 우리나라에도 고려와 조선 이전에 통일신라와 발해가 있었던 것처럼 영국에도 노르만왕조가 들어서기 전에 켈트족과 앵글로 색슨족이 세운 왕조가 있었지요. 그런데 1066년, 프랑스 노르망디 지방에 있던 헨리 2세의 외증조할아버지 윌리엄 1세가 영국을 침공했고 헤이스팅스 전투에서 승리하여 새로운 왕조를 세웠던 겁니다. 이야기를 그때부터 시작하면 너무 길어질 테니 간략하게 말하자면, 윌리엄 1세 이후 윌리엄 2세(윌리엄 1세의 아들)와 헨리 2세의 외할아버지인 헨리 1세(아들)가 노르만왕조를 이어받았고, 헨리 1세의 딸인 마틸다(손녀)와 마틸다의 사촌인 스티븐 왕이 왕위를 두고 다투다가 스티븐 왕이 사망한 후 마틸다의 아들인 헨리 2세(증손자)가 왕위를 이어받은 게 1154년이었어요. 1154년이면 우리나라에서는 고려시대가 반 쯤 지나간 시기였지요. 그 무렵 무신들의 난이 있기도 했습니다.

헨리 2세는 사실은 프랑스 사람이었군요.

헨리 2세의 아버지 조프루아 백작은 프랑스 중서부 지역을 다스리던 앙주 가문의 후손이었으니까 프랑스의 피를 이어받은 왕이었지요. 어머니인 마틸다는 프랑스 땅인 노르망디에 정착한 바이킹의 후예였고요.

그렇다면 당시의 국경선은 현재 도버해협을 기점으로 영국과 프랑스로 나뉜 것과는 형태가 달랐겠네요?

맞아요. 예전에는 지금처럼 바다를 경계로 영국과 프랑스가 확연히 구분되어 있지 않았습니다. 당시에는 봉건제도라는 중세 특유의 제도가 지배하던 때였는데 봉건제도하에서는 왕이 영주들에게 땅을 나누어 주고 평상시에는 간섭을 하지 않다가 전쟁이 터지면 영주들은 왕의 요청에 따라 기사와 병력을 데리고 동참해야 했어요. 프랑스 지역 땅들은 프랑스 왕과 지배와 복종의 관계를 맺은 영주들의 땅이었지요. 윌리엄 1세의 선조인 롤로는 지금의 스칸디나비아반도 쪽에서 프랑스로 내려온 바이킹족이었는데, 프랑스 왕에게 센강 하류의 땅을 수여받고 영주가 되었어요. 때문에 이후 그 지역은 북쪽 사람들(Norman)의 땅이라는 뜻으로 노르망디(Normandie)라고 불렸지요.

윌리엄 1세 역시 노르망디의 영주라서 프랑스 왕에게 복종하지만, 영국을 침공하여 독자적인 왕조를 세우지요. 그리고 엘리노어 왕비와 결혼한 헨리 2세는 프랑스에 있던 엘리노어 왕비의 땅까지 다스리게 되면서 프랑스 영토의 반 가까이가 영국 왕인 헨리 2세와 왕비 엘리노어의 통치하에 들어가게 됩니다. 때문에 헨리 2세는 노르망디의 영주였으므로 프랑스 왕의 명령을 받지만 영국 왕 자격으로는 프랑스와 대등한, 대단히 복잡한 관계를 갖게 되었지요. 그러니까 지금의 국경과는 다르게 봉건 영주들이 누구로부터 봉토를 받아 다스리고 있는지에 따라서 실제 국경의 모습은 달라질 수도 있었습니다.

영국 땅을 바이킹족의 피가 섞인 프랑스 사람이 다스리는 데 별문제는 없었나요?

물론 반발이 있었죠. 노르만왕조의 건국 초기에는 숲과 황무지에서 왕과 싸우던 사람들이 있었지만 헨리 2세나 존 왕이 다스리던 무렵에는 이미 그런 사람들은 다 사라졌다고 합니다. 스코틀랜드의 국민작가 월터 스콧의 소설 《아이반호》는 그들의 이야기를 헨리 2세 시대로 옮겨 와서 그려 내고 있지요. 그러나 이런 배경 설정이 역사적으로 정확한 것은 아니라는 데에 이론이 없습니다. 월터 스콧은 로빈 후드 이야기를 왕과 귀족과 지주의 탐욕에 맞서 싸우는 의로운 도적 이야기가 아니라 영국 땅을 침략한 노르만왕조에 저항하는 색슨족의 이야기로 그리기 위해 그렇게 각색한 것이지요. 《아이반호》에 나오는 노르만왕조의 왕들은 영국 왕인데도 주로 프랑스에 머무르거나 전쟁터에 나가 있고, 언어도 영어가 아닌 프랑스어를 사용합니다. 그래서 영국 땅 백성들에게 왕은 낯선 존재로 그려집니다. 월터 스콧이 존 왕의 성격을 "극도의 오만함, 그리고 다른 사람의 감정에 대한 무관심이 한 데 뒤섞인 타락한 호방함"으로 표현한 것을 보면 대강 짐작이 가지요?

헨리 2세가 세운 왕조는 플랜태저넷왕조라고 불렸고 랭커스터왕조 이전까지 약 250년 동안 이어집니다. 헨리 2세는 외모가 아주 뛰어난 것도 아니고 영어도 몰랐지만 행정 능력은 뛰어난 왕이었지요. 헨리 2세가 즉위하기 전의 영국은, 헨리 2세의 어머니 마틸다와 사촌인 스티븐 왕의 다툼으로 무정부상태라고 불릴 만큼 혼란스러웠다고 합니다. 왕권이 바로 서지 않으니 영주들은 왕이 소집한 전쟁에 참여해 힘을 소모하기보다는 자신의 힘을 키우는 데 전념했어요. 그러면서 정세에 따라 마틸다 편이 되었다가 스티븐 왕 편이 되었다가 했지요.

그래서 내전에서 승리한 헨리 2세가 왕위에 오른 뒤 가장 시급하게 해야 할 일은 왕권을 강화하고 혼란을 수습할 수 있도록 잘 갖추어진 행정제도를 완비하는 것이었고, 다행히 이 부분에서 헨리 2세는 좋은 평가를 받을 만큼 일을 잘했다고 합니다. 특히 가장 높은 평가를 받은 부분이 재판제도를 정비한 것이었지요. 요즘 우리나라에서도 부분적으로 시행되고 있는 배심원 제도의 원형을 도입하여 재판제도를 발전시키기도 했습니다.

당시 재판은 어떻게 이루어졌는데요?

법률에 적힌 대로 판결을 내리는 것이 아니라 결투로 유죄와 무죄를 가리던 재판도 있었고, 신의 판단을 따른답시고 위험한 명령을 내려서 살아남으면 무죄로 판단하기도 했지요. 예를 들어, 끓인 물이나 기름에 넣은 돌을 맨손으로 건지게 한 뒤 손을 붕대로 감고 풀지 못하게 했다가 3일 후에 풀었을 때 손이 깨끗이 나았으면 무죄, 고름이 생겨 더러우면 유죄로 판단했습니다. 또 사지를 묶은 채 차가운 물구덩이에 던져 넣고 가라앉으면 무죄, 떠오르면 유죄로 판정하기도 했다고 해요.

그런 것도 재판이라고 할 수 있나요?

지금 보면 말도 안 되는 재판이지만 당시에는 신의(神意)재판, 신명재판이라고 불렸지요. 만일 유죄라면 신이 심판해 줄 것이라고 믿고 맡긴다는 인식이 지배적이었습니다. 붕대를 감은 손이 멀쩡할 때 무죄로 보는 것도, 만약 결백하다면 신이 치료해 줄 것이라는 믿음에서 나온 것이지요. 결투로 유죄와 무죄를 가리는 방식도 신의재판의 하나라 할 수 있어요. 그러나 신의재판이라고 해도 성직자들이 참관하지는 않았으므로 결투에 의한 재판은 19세기까지도 간간이 지속되었습니다.

헨리 2세는 이런 재판제도를 어떻게 정비했나요?

먼저 오늘날 검사의 공소제기처럼 국가기관이 법원에 형사재판을 청구하는 제도를 도입했습니다. 그리고 런던에 중앙 사법재판소를 만들었으며 왕이 각 주에 판사들을 보내 순회재판이 이루어지도록 하는 제도를 시행하기도 했습니다. 이로써 지역마다 다르게 적용되던 관습법 대신 나라 전체에 적용되는 하나의 공통된 법체계가 성립했고 그 법은 나라 전체에서 시행된다는 의미에서 보통법이라고 불렸지요. 그래서 헨리 2세는 보통법의 아버지라고 불리기도 합니다. 그리고 이때부터 전문적인 법률가가 양성되기 시작했지요.

아까 배심원 제도를 도입했다고 하지 않았나요?

사실 헨리 2세 시대의 배심원 제도는 지금의 배심원 재판제도와는 조금 다른데, 신의 뜻에 모든 것을 맡기던 신의재판을 증거에 의한 조사를 거쳐 재판하는 방식으로 바꾸면서 그 조사를 배심원들에게 맡겼어요. 아까 헨리 2세 때 공소제도가 생겼다고 했지요? 왕의 명을 받은 판사가 순회재판을 하러 오면 주장관은 배심원을 선정해서 재판에 내보내야 했습니다. 배심원은 범죄를 저질렀다고 생각되는 사람의 이웃들이 추천한 저명한 사람들로 임명되었습니다. 배심원들은 왕의 판사들 앞에서 서약을 하고 그동안 발생한 범죄의 조사 결과를 보고했지요. 그리고 배심원단이 범죄의 증거를 찾지 못했을 때 신의재판에 회부한다고 결정했습니다. 헨리 2세 때의 배심원들은, 오늘날의 배심원들처럼 평결을 하는 것이 아니라 검사들처럼 증거를 수집하고 공소를 제기하는 역할을 한 것이지요.

배심원들의 이런 역할은 오늘날에도 일부 남아 있습니다. 열두 명으로 구성되어 평결을 하는 소배심(petit jury)과는 달리 20여 명으로 구성되며 형사사건에서 피의자를 기소하기 위해 시민 가운데 무작위로 선발된 사람들로 구성되는 대배심(grand jury)이 그것이지요. 이 대배심 제도는 정부의 기소재량권 남용을 제한하기 위해 미국 등 일부 국가에서 유지되고 있습니다.

지금처럼 배심원들이 평결을 한 것은 언제부터였나요?

지금과 같은 배심원 재판은 헨리 2세 때 민사재판에서 부분적으로 존재했다고 해요. 토지권과 관련된 민사재판 기록에서는 결투 대신 열두 명의 배심원들이 재판하는 제도를 선택할 수 있었다고 합니다. 열두 명의 배심원들이 만장일치해야 결론이 정해지는 방식이었지요.

형사재판에서 이런 방식의 배심원 재판은 로마 교황 인노첸시오 3세가 1215년 제4차 라테란 공의회에서 가톨릭교회의 교의와 조직을 정비하면서 신의재판에 성직자들의 참관을 금지시킨 것을 시작으로 도입됩니다. 당시 성직자들은 신의재판을 하면서 사례금을 받아 왔는데 교황은 신의재판은 성서에 근거가 없는 것이라면서 이를 금지시켰던 것이지요. 그러자 영국에서는 형사재판에도 그동안 시행해 오던 사건을 조사해서 용의자의 명단을 제출하던 배심원 제도와 함께, 현재의 배심원 재판처럼 유죄와 무죄의 평결을 하는 제도를 도입했다고 합니다. 다만 영국과 덴마크만 배심원의 평결 제도를 도입했고 다른 나라에서는 용의자와 목격자를 고문하여 자백을 받는 방식의 재판이 성행했다고 합니다.

한편 헨리 2세는 성직자라도 중죄를 저질렀다면 성직을 박탈하도록 명령한 다음 일반 법원으로 넘겨서 처벌받도록 해서 성직자에 대한 재판도 일반 법원에서 할 수 있도록 했습니다. 때문에 성직자에 대한 재판을 주도했던 가톨릭교회 측과 이 문제로 심각한 갈등을 겪어야 했지요.

　　재판제도 외에 또 달라진 건 없었나요?

또 하나는 세금제도인데 헨리 2세는 지금의 기획재정부 역할을 하는 재무재판소를 두어 지방영주들이 마음대로 거두던 조세를 중앙정부가 직접 거두어들이게 했습니다. 또 돈을 내면 병역을 면제받을 수 있는 제도를 만들어서 영주들의 세력을 약화시키고 왕의 금고를 튼튼하게 해서 왕권을 강화하는 기반을 닦습니다. 그러나 이렇게 만든 세금제도가 존 왕 대에는 너무 가혹하게 적용되어 결국에는 대헌장을 승인해야 할 처지에 놓이게 되었지요.

평민의 삶에는 관심 없는 왕족들의 권력 쟁탈전

헨리 2세가 왕권을 강화하고 나라의 기틀을 단단하게 놓았다고는 하지만 하루도 마음 편한 날이 없었습니다. 헨리 2세의 아내인 엘리노어는 《로빈 후드의 모험》에서 보듯이 '모든 사람의 존경을 받는 아름답고 상냥한 여자'라는 평가를 받았지만 남편인 헨리 2세에게 반란을 일으켰습니다. 일찍 죽은 큰아들을 제외해도 네 명이나 되는 아들들 역시 어머니와 함께, 때로는 독자적으로 아버지에게 반란을 일으키는 등 가족 간의 갈등이 심했지요. 또 헨리 2세는 가장 아꼈던 부하 토머스 베켓을 가톨릭교회의 대주교로 임명하였으나 가톨릭교회와의 갈등은 오히려 깊어졌지요.

왜 가족들이 남편과 아버지에게 반란을 일으킨 거죠?
왕비가 왕에게 등을 돌리고 적극적으로 아들들 편에 서서 왕과 아들들과의 갈등을 부추겼다는 말이 있습니다. 아버지는 그런 이유에서인지 아들들에게 권력을 나눠 주는 것을 내키지 않아 했다고 하지요. 반면 아버지와 어머니가 아들들을 너무나 귀여워한 나머지 서로 경쟁하듯이 아들들 편을 들어서 왕자들의 버릇은 점점 더 나빠졌다는 주장도 있어요. 아버지는 특히 막내아들인 존 왕을 사랑했고 어머니는 셋째 아들인 리처드 왕을 편애했다는 말도 있지요. 그런데 그 두 아들은 결국 헨리 2세의 죽음을 재촉했습니다. 헨리 2세가 십자군 전쟁을 준비하고 있을 때 리처드는 프랑스 왕과 손잡고 반란을 일으켰습니다. 나이 든 아버지는 젊은 아들과 싸웠으나 이기지 못하고 굴복했지요. 그런데 반란자 명단 맨 위에 다름 아닌 존의 이름이 있는 것을 보고는 그 충격으로 다음 날 사망했다고 해요. '믿는 도끼에 발등 찍힌다'는 게 이런 상황을 두고 이야기하는 게 아닐까요?

그럼 헨리 2세가 사망한 후 리처드가 왕위에 올랐겠군요.
리처드는 아버지의 장례식을 치르고 영국으로 건너와서 화려한 대관식을 올렸지요. 사실 헨리 2세, 리처드 1세, 존 왕 중 가장 유명한 왕은 리처드 1세입니다. 그의 뛰어난 무용담은 현재까지 전해지고, 유일한 맞수라고 하는 이슬람의 영웅 살라딘을 상대로 십자군 전쟁에서 승리를 거둘 만큼 전쟁의 천재로 평가되지요. 1191년 아크레 전투에서 살라딘의 군대를 꺾는 등 용맹을 떨친 리처드 1세는 함께 십자군 전쟁에 참여한 신성로마제국(독일)군이나 프랑스군이 본국으로 돌아간 후에도 이슬람과의 전쟁을 이어 갔습니다. 하지만 프랑스 왕이 리처드 왕의 동생인 존 왕과 동맹을 맺고 노르망디는 물론이고 영국 본토까지 침공해 오고 있다는 소식을 듣자 살라딘과 강화조약을 체결하고 급히 영국으로 돌아오지요. 돌아오는 길에 오스트리아 레

오폴트 공작에게 붙들려 1년 3개월간이나 갇혀 있다가 몸값으로 은 50톤에 해당하는 15만 실버마르크를 지급하고 풀려나기도 했어요. 이때 프랑스 왕과 존 왕은 그보다 더 많은 몸값을 줄 테니 리처드 1세를 더 붙들어 달라고 요청하기도 했다는군요.

왕족들에게는 가족의 가치보다는 자신의 권력이 더 중요했나 보군요.

그렇게 볼 수도 있겠지요. 동시에 리처드 1세가 얼마나 무서운 존재였는지를 알 수도 있고요. 실제로 리처드 1세는 영국으로 돌아오자마자 준비된 환영 행사를 중지시키고 제일 먼저 존 왕의 지지자들을 숙청하는 일부터 했다고 해요. 그러고는 바로 군대를 모아서 존 왕이 있던 노르망디로 건너갔지요. 겁먹은 존 왕은 엎드려 용서를 구했고 리처드 1세는 그 자리에서 바로 동생인 존 왕을 용서했다고 해요. 그리고 다시 전쟁에 나가 프랑스 왕에게 빼앗겼던 프랑스 내 영토 대부분을 수복하는 데 성공했고 프랑스 왕과 휴전을 맺었지요.

그런데 이렇게 용맹하고 사나운 리처드 1세의 죽음은 조금 황당합니다. 샬뤼 성의 어느 농부가 로마 주화가 담긴 항아리를 발견했다는 소식을 들은 리처드 1세는, 그것을 빼앗으러 성을 포위했는데 화살을 맞았고 그때 생긴 상처가 패혈증으로 악화되어 목숨을 잃었다고 합니다. 오스트리아에서 돌아온 지 5년 정도 지난 시점이었지요.

리처드 1세도 헨리 2세처럼 어이없이 죽게 되는군요.
이제부터 존 왕의 시대가 되나요?

사실 존 왕이 왕위에 오르는 데도 약간의 우여곡절이
있었습니다. 헨리 2세에게는 셋째 아들인 리처드와 다섯째 아
들인 존 사이에 넷째 아들인 제프리가 있었어요. 제프리는 헨리
2세가 죽기 3년 전쯤 먼저 죽었지만 그에게는 아서라는 아들이
있었지요. 그래서 헨리 왕의 다섯째 직계 아들인 존보다는 헨리
왕의 넷째 아들인 제프리의 아들 아서에게 왕위계승 우선권이
있다는 주장도 있었어요. 물론 당시에는 장자상속법이 적용되
지 않았지만. 리처드 1세도 조카 아서에게 왕위를 넘길 것인지
동생인 존에게 넘길 것인지 고심했던 것 같아요. 이번에는 영국
의 왕가에 불만을 품은 프랑스 내의 영주들이 아서를 지지할 것
이라고 믿은 프랑스 왕은 자신도 영주들의 지지를 받기 위해 아
서의 편에 섰습니다. 하지만 엘리노어 왕비는 존의 편이었고 결
국 마지막 순간에 리처드 1세는 존을 후계자로 지명하였지요.
존은 어머니가 프랑스 지역의 영토들을 순방하면서 안정을 꾀
하는 동안 영국으로 돌아와서 즉위식을 치렀어요.

왕위 다툼에서 패한 아서는 어떻게 되었나요?

아서는 프랑스 왕과 손을 잡고 존 왕과 전쟁을 벌이다가 포로가 돼요. 그는 노르망디의 팔레즈 성 지하 감옥에 갇혔는데 얼마 되지 않아 죽었다는 소문이 돕니다. 사실 존 왕은 아서에게 고문을 가하라는 명령을 내렸는데, 아서를 지키던 존 왕의 시종장 허버트는 고문하는 대신 아서가 심한 상처로 죽었다고 거짓 소문을 낸 거지요. 하지만 상황이 상황이니만큼 사람들은 존 왕이 정말로 아서를 죽였다고 믿었고 때문에 존 왕에게 충성을 바치는 것을 거부하는 영주도 나옵니다. 노르망디를 제외한 프랑스 땅의 몇몇 영주가 존 왕 대신 프랑스 왕에게 충성을 맹세하자 프랑스 왕은 그 틈을 놓치지 않고 노르망디를 공격하기 시작했습니다. 결국 아키텐 같은 일부 지역을 제외하고, 존 왕의 영지 중 프랑스 지역 대부분이 프랑스 왕의 영지가 되었고 이후 존 왕은 영국으로 돌아가게 됩니다. 이때부터 영국이 노르망디에서 사실상 물러났다고 할 수 있지요.

아서는 허버트의 손을 떠나 다른 신하에게 맡겨졌으나 그 후의 행적은 확실하게 알려져 있지 않아요. 존 왕이 아서를 벼랑에서 밀었다는 설도 있고 칼로 찔러 죽이고 센강 바닥에 던져 버렸다는 설도 있습니다. 셰익스피어가 쓴 《존 왕》은 바로 이 부분의 역사를 바탕으로 창작한 희곡이지요. 셰익스피어는 소년 선원으로 변장한 아서가 달아나면서 성벽에서 뛰어내리다가 죽은 것처럼 쓰고 있습니다.

대헌장이라는 종이 한 장의 의미

　　존 왕은 다시 한 번 영주들에게 소집 명령을 내려 군대를 이끌고 프랑스 왕과 전쟁을 벌이려 했으나 영주들은 신망을 잃은 존 왕을 따라 전쟁에 참여하기를 거부했지요. 할 수 없이 존 왕은 일부 신하들과만 프랑스로 건너가 플랑드르 백작, 네덜란드 영주, 신성로마제국 황제와 연합군을 구성해 프랑스 왕과 전쟁을 벌입니다. 그러나 존 왕이 아키텐 쪽으로 밀려 나와 있는 동안 프랑스 왕은 부빈느 전투에서 연합군을 격파하는 데 성공합니다. 전쟁에서 승리한 프랑스 왕은 몰수한 영지들의 소유권을 인정받았고 영국이 물어야 할 전쟁보상금은 어마어마했다고 하지요. 그런데 존 왕은 영국으로 귀환하면서 용병을 데리고 와 프랑스 원정에 동행하지 않은 귀족들에게 잔인한 복수를 자행합니다. 용병들은 백성들을 학살하고 마을과 농장에 불을 지르기도 했지요. 참다못한 귀족들은 모반을 계획하게 되었고, 교황이 임명했던 대주교 스티븐 랭턴은 헨리 1세가 제정한 자유헌장 같은 헌장을 만들어 왕이 승인하도록 하자는 제안을 했다고 해요.

자유헌장은 무엇인가요?

　　헨리 1세가 1100년 즉위하면서 반포한 것으로 이전의 왕들이 귀족들과 부하들에게 허용했던 권리를 다시 확인하는 문서인 권리양허(亮許, concession)장이라 할 수 있어요. 잉글랜드의 왕이었던 윌리엄 2세가 사망하자 왕의 자리에 공석이 생깁니다. 왕위계승권을 따져 보면 헨리 1세의 형인 로버트가 왕이 되어야 했는데 당시 로버트는 십자군 전쟁에 나가 있었고 로버트 대신 왕이 되고 싶었던 헨리 1세는 영국인들의 환심을 사기 위해 자유헌장을 반포하고 왕위에 올랐지요. 동시에 그는 종전의 왕들이 행했던 악행과 수탈적인 과세를 개선하고 과도한 처벌을 금지하며 모든 재판에서 정의와 자비를 베풀겠다고 약속했어요. 현재도 입헌군주제를 유지하며 왕을 인정하고 있는 영국에서는 새로운 왕이 즉위할 때 아직도 이와 유사한 약속을 하고 있다고 합니다.

대헌장도 자유헌장처럼 권리양허장이라고 할 수 있나요?
존 왕이 즉위할 때 반포한 것은 아니지만 그 내용과 형식은 색슨 왕들의 즉위 선서와 헨리 1세의 즉위 선서 등의 전통에 기초해서 반포된 문서라고 볼 수 있지요. 스티븐 랭턴의 제안에 따라 1214년 11월, 모든 귀족이 한자리에 모여 헨리 1세의 자유헌장을 기초로 하여 새로운 헌장을 작성합니다. 그리고 귀족들은 한 사람씩 제단에 무릎을 꿇고 왕이 새로운 헌장의 승인을 거부한다면 왕에게 대항하겠다고 맹세했습니다. 새로운 헌장을 가지고 귀족들은 협상을 시도했으나 존 왕은 시간만 끌 뿐

성실하게 협상에 응하지 않았지요. 그러자 용맹하다는 북부 출신 귀족들을 주축으로 한 영주들은 결국 1215년 5월 5일 반란을 일으켰고 5월 17일에는 런던 시민들의 대대적인 환영을 받으면서 런던에 자리 잡게 되었답니다.

존 왕은 손을 들었겠군요.

그랬지요. 약 한 달간 대치 끝에 존 왕은 1215년 6월 15일, 왕궁과 귀족들 주둔지의 중간 지점인 러니미드 평원에서 대헌장을 승인했습니다. 당시에는 지금처럼 대헌장이라는 이름 대신 '귀족의 요구사항'이라는 이름이었다고 알려져 있지요.

지금도 러니미드에 가면 그 현장을 볼 수 있나요?

현재 러니미드 평원은 사적지로 지정되어 있어요. 1957년 미국의 변호사회에서 기증한 기념비도 있지요. 또 2015년에는 대헌장 승인 800주년을 기념하는 기념관을 건립하기로 했고 2018년 6월에 문을 열었어요. 재미있게도 기념관 가운데에 연못을 만들고 바로 옆에 대헌장 39조를 거꾸로 새겨 놓은 동판을 설치해 놓았는데, 동판에 새겨진 문구가 수면에 비치면 우리가 읽을 수 있도록 설계됐다고 해요. 그 부근에는 미국의 존 F. 케네디 대통령이 1963년 암살된 후 영국 하원이 그를 기념하고자 건립한 케네디 대통령 기념비도 서 있다고 하는군요. 그 일대의 땅 4제곱킬로미터는 영국 여왕이 미국 국민에게 양도했다고 하지요.

39조가 제일 중요한 내용이어서 그렇게 했나 보네요?

맞아요. 대헌장의 핵심이라고 할 수 있는 39조를 살펴보면 "자유민은 누구를 막론하고 자기와 같은 신분의 동료에 의한 합법적 재판 또는 국법에 의하지 않는 한 체포, 감금, 점유 침탈, 법익 박탈, 추방 또는 그 외의 어떠한 방법에 의하여서라도 자유가 침해되지 아니하며 또 짐 스스로가 자유민에게 개입되거나 또는 관헌을 파견하지 아니한다"라는 내용이 적혀 있어요.(《1215 마그나 카르타의 해》, 존 길링엄·대니 댄지거 지음, 황정하 옮김, 생각의 나무, 2005, 389)

귀족들은 왜 자유민의 권리 보호를 조항에 넣었던 건가요?

앞에서 말한 것처럼 귀족들의 봉기는 엄연히 반란이었

습니다. 지금 시각에서 보면 대헌장이 민주주의의 기틀을 마련한 중요한 문서이지만 당시에는 엄연히 반란이기에 정치적·군사적 지지를 받아야 정당화될 수 있다고 보았거든요. 때문에 귀족들은 민중의 지지를 얻기 위해 자신들뿐만 아니라 영국의 모든 백성을 보호하기 위해 반란을 일으켰다는 명분을 내세운 것이었죠. 그러나 당시의 자유민이란 농노 등 비자유민을 제외한 계급을 말했기 때문에 우리가 생각하는 자유민의 개념과는 많이 다를 수 있습니다. 때문에 귀족들이나 성직자를 제외하면 실제로 이 조항의 혜택을 받는 자유민은 많지 않았다고 할 수 있어요.

대헌장은 지금도 보관되어 있나요?

당시에는 지금처럼 인쇄술이 발달하지 않아서 합의된 내용을 일일이 필사해 수십 부를 만들었다고 합니다. 종이 역시 널리 보급되지 않았고 양피지도 아닌 송아지 가죽에다 깃털 펜으로 빽빽하게 썼는데 존 왕의 사인 같은 것도 없었다고 합니다. 현재는 네 부가 영국도서관이나 대성당 같은 곳에 보관되어 있어요. 처음에는 영어도 아닌 라틴어로 쓰였고 나중에야 영어와 프랑스어로 번역되었다고 하지요. 아까 39조의 내용을 동판에 새겨 놓았다고 했는데 처음 문서에는 조문도 구별되어 있지 않았어요. 게다가 처음부터 대헌장이라고 불린 것도 아니고 1216년 존 왕이 죽고 다음 해에 조문이 좀 더 수정되어 재발행된 뒤에서야 대헌장이라는 말이 사용되었다고 하지요. 1225년에는 한 번 더 발행되어 법령집에 들어갔다고 하는데 이때의 대헌장이 현재 통용되는 대헌장입니다.

대헌장은 국왕과 귀족, 봉건제후, 성직자의 권리 확인을 위한 문서이므로 현재의 법률관계에 따르면 대부분 유효하지 않아요. 그 많은 조항 중 현재도 영국 법에 유효하게 남아 있는 조항은 영국교회의 자유와 권리를 선언한 1조와 런던을 비롯한 시·군·구의 자유를 선언한 13조, 또 앞서 본 39조와 "짐은 누구를 위하여서라도 정의와 재판을 팔지 아니하며, 또 누구에 대하여도 이를 거부 또는 지연시키지 아니한다"라고 적힌 40조라고 합니다. 그 외 나머지 조문들은 외국인 용병 사용의 금지, 통일된 도량 단위의 요구, 봉건적 보조금 지급의 폐지, 미성년자의 상속세와 후견인제도 등 당시의 시대적 상황과 관련된 것이고 오늘날의 헌법과 직접 관련이 있는 부분은 없다고 하지요.

대헌장은 제정 즉시 집행되었나요?

그렇지는 않아요. 존 왕이 대헌장을 승인한 뒤에도 왕과 영주 사이의 분쟁은 끝이 없었다고 해요. 또 존 왕은 승인 후 한 달도 채 지나지 않은 7월, 교황에게 비밀리에 편지를 보내 이 문서를 무효화해 달라고 요청했지요. 교황도 요청을 받아들여 대헌장은 무효라고 선언했으며 이를 따르지 않는 자들은 모조리 파문할 것이라는 답장을 보냈고요. 실제로도 영주 30여 명을 파문했고 대헌장의 승인을 요구했던 스티븐 랭턴 대주교의 직위를 정지시킵니다. 이에 고무된 존 왕은 용병을 고용하여 스티븐 랭턴의 로체스터 성을 공격합니다. 랭턴의 수비대는 끝까지 저항했으나 11월에 접어들어 식량이 바닥나자 항복할 수밖에 없었습니다. 상황이 불리해지고 수세에 몰린 영주들은 프랑스 왕에게 프랑스 왕의 아들이 영국의 왕위를 잇도록 보장해 줄 테니 군대를 이끌고 영국으로 와 달라고 요청했고, 이 요청에 응한 프랑스 왕은 12월에 선봉대를 런던에 보냈다고 해요.

영국 영주들의 행위는 나라를 팔아먹는 매국적인 행위 아닌가요?

지금의 시각에서 보면 그렇게 말할 수 있을지도 모르겠지만 봉건제도가 당연했던 시대임을 감안하면 영주들에게 그것은 왕조의 변화에 그칠 뿐 매국행위까지는 아니었다고 볼 수 있지요. 그들에게는 국가에 대한 충성보다 자신이 가진 영주로서의 권한을 지키는 문제가 더 중요했거든요. 따라서 존 왕과 대립한 영주 입장에서는 존 왕보다는 프랑스 왕과 봉건적 지배·복종관계를 맺는 게 더 나았을 수도 있었겠지요. 아무튼 로체스터 성을 함락시킨 존 왕은 북쪽으로 진군하면서 스코틀랜드까지 침공했고, 용병들에게 줄 돈을 마련하기 위해서 닥치는 대로 성을 약탈했다고 해요.

영국에 상륙한 프랑스 군대는 뭘 하고 있었나요?

영주들의 요청을 받고 영국에 파견된 프랑스 군대는 겨우내 안전한 런던에 머물면서 포도주만 마셔 댔다고 하는군요. 그러다가 다음 해인 1216년 5월 말이 되어서야 프랑스 왕의 아들이 런던으로 왔고 런던 시장이나 귀족들이 왕자에게 충성을 맹세했다고 해요. 그런데 전쟁이 계속되던 10월경 배탈이 난 존 왕은 건강이 급격하게 악화되어서 죽음을 맞았어요. 갑작스러운 존 왕의 죽음에 왕실은 혼란스러웠고 당시 아홉 살에 불과한 존 왕의 아들 헨리 3세가 왕위를 계승합니다.

우리나라에서도 조선시대에는 수렴청정이라고 해서 왕이 너무 어린 나이에 즉위하여 정치를 하기 어렵다고 판단될 경우 왕 대신 대왕대비 같은 왕실의 어르신이 신하들과 정치를 하는 섭정 제도 같은 게 있었잖아요? 이와 마찬가지로 고문들은 평의회를 구성해 헨리 3세 대신 국정을 꾸려 갑니다. 현명하게도 고문들은 헨리 3세 즉위 후 한 달 만에 반대가 나올 듯한 조항만 조금 빼고 헌장을 다시 발행하였지요. 그러자 새 왕이 대헌장에 따라 영국을 다스린다면 프랑스 왕을 지지할 명분은 없다고 생각한 영국의 영주들은 프랑스 왕의 아들에게 충성을 맹세한 것을 거두고 다시 헨리 3세에게 충성을 맹세해서 플랜태저넷왕조는 명

맥을 이어 갈 수 있었지요.

이후 대헌장은 중세 영국에서 여러 차례 재확인되었다고 하지요. 교회 문마다 복사본을 못으로 박아 걸어 두었고, 왕의 통치가 자유권을 침해할 정도에 이르면 사람들은 헌장을 인용하며 시정을 요구하기도 했다고 합니다. 1297년에는 에드워드 1세가 헌장을 다시 추인하기도 했지만, 왕권이 안정되어 가면서 실제적인 역할을 하지는 않았지요. 마치 하나의 '경구'나 '신화'처럼 받아들여졌다고 해요.

<u>그럼 대헌장은 언제부터 영국 헌법의 일부로 받아들여지게 되었나요?</u>

17세기에 이르러 영국의 법학자 에드워드 쿠크가 대헌장을 당시의 시대 상황에 맞춰 왕권에 대해 시민의 권리를 보장하는 문서로 재해석하면서 대헌장이 다시 중요한 문서로 대두됩니다. 대헌장이 고대 관습이 아닌 법으로 왕권을 제한한 문서라는 주장에 영국의 왕 찰스 1세는 대헌장의 발행을 금지하는 것으로 답했습니다. 쿠크는 1628년 찰스 1세에게 제출하기 위한 권리청원을 만들 때 대헌장을 기초로 하기도 했는데, 그 과정에서도 대헌장이 귀족만을 보호하지는 않으며 시민들의 권리를 보장한다고 주장했지요.

왜 권리청원을 하게 된 거지요?

당시 찰스 1세는 스페인과 전쟁을 벌이고 있었습니다. 전쟁이 장기화되자 전쟁에 필요한 자금을 마련하기 위해 수출입관세에 대한 추인을 얻으려고 의회를 소집했지요. 그러나 의회에서는, 그동안 왕이 의회의 동의 없이 사유재산을 박탈하고 명령에 따르지 않은 사람들을 재판 없이 감옥에 가둔 것은 대헌장과 대헌장 승인 후에 쌓인 판례들을 위반한 것이라고 주장했고, 왕 측은 왕에게는 법을 뛰어넘는 특권이 있다고 주장해서 대립이 일어났습니다. 존 왕 때와 비슷한 일이 벌어진 건데 이때문에 의회는 국왕에게 청원하는 형식으로 권리선언을 한 것이지요. 그리고 우여곡절 끝에 국왕의 승인을 얻습니다. 말은 청원이지만 실제적으로는 법률로 공포되었고 법률로도 취급되었지요. 권리청원의 내용을 살펴보면 대헌장 39조처럼 신체 자유권의 확인, 법률에 의하지 않은 과세 등의 금지, 계엄령에 의한 임의의 특별재판이나 처형의 금지 등이 있었어요. 결국 왕도 법률에 따라야 한다는 원칙을 재확인하는 문서였지요. 이후 찰스 1세는 의회를 해산시켰고, 의회파와 왕당파가 내전을 벌이는 등 영국의 역사는 다시 한 번 혁명의 소용돌이에 빠져들게 되었습니다.

대헌장은 요즘의 시각에서는 어떤 의미인가요?

앞에서도 말했듯이 당시 자유민에 대한 개념은 지금

과 달라서 실제로 대헌장의 보호를 받는 사람은 극소수였지요. 어쩌면 실효는 없다고 할 수 있을지 모르겠습니다. 그럼에도 대헌장은 왕의 권리를 법으로 제한할 수 있다는 내용을 담고 있어서 **법의 지배**라는 중요한 이념이 여기서부터 출발할 수 있었지요. 현재의 헌법과 세세한 부분까지 같지는 않지만 이 개념은 오늘날의 헌법정신과도 일치하기 때문에 대헌장은 여전히 헌법의 기원이라고 불리는 것입니다.

대헌장이 배심원 재판을 규정했다는 주장도 있던데요.

대헌장 39조를 다시 한 번 봅시다. "자유민은 누구를 막론하고 자기와 같은 신분의 동료에 의한 합법적 재판 또는 국법에 의하지 않는 한 체포, 감금, 점유 침탈, 법익 박탈, 추방 또는 그 외의 어떠한 방법에 의해서도 자유가 침해되지 아니하며"중 "자기와 같은 신분의 동료에 의한 합법적 재판" 부분에서 배심원 재판을 보장했다는 해석도 있긴 합니다.

그러나 39조의 표현은 사회적으로 동등한 계급에 있는 사람들로 구성된 법정에서의 적법한 재판을 보장한 것이지 배심원 재판을 보장한 것은 아니므로 그 해석은 과대해석이라는 것이 정설입니다. 그리고 "짐은 누구를 위하여서라도 정의와 재판을 팔지 아니하며, 또 누구에 대하여도 이를 거부 또는 지연시키지 아니한다"라고 밝힌 40조를 두고 개인의 인권은 천부적으로 주어진 것이라고 선언했다는 해석도 있지만, 이 역시 지나친 해석이라고 볼 수 있지요. 그럼에도 이와 같은 해석들이 근대 이후 인신보호영장제도(당사자의 신청이 있으면 구금된 자를 법원에 출석시켜 구금이 적법한지를 심리하도록 명령하는 명령장), 고문 금지, 법의 지배 원칙을 파생시켰고, 프랑스 혁명의 인권선언과 미국 독립선언에 영향을 미친 것은 부인할 수 없습니다.

그런데 영국에는 따로 헌법이 없다는 게 사실인가요?

영국은 우리처럼 하나의 문서로 된 성문헌법을 가지지 않은 나라 중 대표적인 나라지요. 1215년의 대헌장과 1628년의 권리청원, 1689년의 권리장전이 영국의 헌법정신을 담은 3대 문서라고 합니다.

권리장전도 권리청원과 비슷한 건가요?

1688년 영국의회가 네덜란드의 윌리엄 3세에게 군사지원을 요청하여 당시의 왕인 제임스 2세를 축출한 사건이 있었지요. 제임스 2세는 폭정을 저지르고 성공회가 중심이었던 영국 왕실에서 가톨릭교 부활 정책을 쓰면서 종교의 자유를 억압했지요. 그러자 의회의 양대 정당 지도자가 협의한 끝에 영국 왕실의 일원이자 네덜란드 총독으로 있던 신교도인 오렌지공 윌리엄과 메리 부부에게 군대를 이끌고 영국으로 와 줄 것을 요청하였고,

이를 받아들인 윌리엄과 메리가 런던으로 진격해 오자 제임스 2세가 프랑스로 탈출한 사건이었습니다. 이 사건이 명예혁명입니다. 그 후 1689년 2월, 영국의회는 영국의 왕으로 즉위할 때 필요한 조건을 마련해서 승인을 요구했고 부부는 이를 승인한 다음 왕위에 올랐지요. 이때 만들어진 선언문이 권리장전입니다.

1689년 12월 16일 법률로 제정된 권리장전은, ① 의회의 권위와 독자성을 선언하였고 ② 의회의 동의 없이 군대를 둘 수 없게 하고 ③ 의회의 동의 없이 효력을 정지시킬 수 없다는 등 의회의 권한을 확대했습니다. 또 ④ 과다한 벌금과 과다한 보석 보증금이나 잔인하고 특별한 형벌을 금지하고 ⑤ 배심원 재판을 보장하는 등 신체의 자유와 안전에 관한 내용도 포함했지요. 명예혁명과 권리장전에 따라 영국은 세습군주제에서 입헌군주제로 바뀌게 되었다고 합니다.

혁명이 명예롭다는 것은 무슨 의미인가요?

피를 흘리지 않았기 때문에 붙여진 말입니다. 영어로는 Glorious Revolution이라고 하니까 '영광혁명'이라고 번역됐어야 한다는 주장도 있지요. 명예혁명이 되려면 Honorable Revolution이 됐어야 하기 때문이라나요. 어느 쪽이든 영국의 명예혁명은 1776년의 미국의 독립선언에 큰 영향을 미쳤고, 미국의 독립전쟁은 1789년의 프랑스 혁명에 또 큰 영향을 미쳤지요. 요즘처럼 인터넷으로 연결되지도 않았고 비행기도 없던 시절이었지만 유럽의 정치적 격변은 대서양을 건너서 미국에까지 영향을 끼쳤고, 미국이 왕이 없는 나라로서 독립했다는 소문은 프랑스에 와서 큰 영향을 미치기도 했던 것입니다.

그런데 실제로 위 세 문서만으로는 요즘의 복잡한 헌법 문제를 해결하는 데 한계가 있지 않나요?

영국은 위 문서들 외에도 역사적으로 자리 잡아 헌법적 효력을 가지는 관습법에 따라 다스려지고 있지요. 영국에서는 의회가 최고로 우월한 국가기관이므로 의회가 헌법에 담길 만한 내용의 개별적인 법률을 제정하여 시행하기도 합니다. 판사들이 남긴 많은 판례가 헌법적 관습법의 일부를 형성하고 있기도 하지요. 정권이 바뀔 때마다 헌법개정이 도마 위에 오르는 나라들과는 정말 다르다고 할 수 있지요.

이제 1215년을 찾아가 보는 이유를 알 것 같습니다. 대헌장을 승인하던 러니미드 평원의 풍경은 어땠을까요.

아마 이런 식이었겠지요. 넓은 평원에 긴 망토를 둘렀거나 무릎까지 오는 치마 같은 옷에 스타킹을 신은 채, 창을 들고 있거나 칼을 차고 있는 사람들이 모여 웅성거리고 있었겠죠. 그 가운데 붉은 테이블보가 덮인 책상 앞에는 왕관을 쓴 존 왕이 의자에 앉아 있을 거예요. 존 왕이 손에 든 문서를 가만히 내려놓자 사람들의 함성이 터졌겠죠. 왕이 대헌장을 승인했다는 외침이었을 테고 해가 뉘엿뉘엿할 무렵이었다고 해요. 왕은 자리를 박차고 일어나 돌아서 가 버렸으나 그 함성은 한참 동안 벌판을 감싸고 사라지지 않았을 겁니다.

2장

프랑스 외무, 안보정책에 이견들 낳다

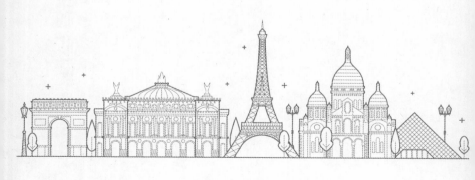

앙시앵 레짐과 혁명의 씨앗

　　두 번째로 찾아가 볼 현장은 1789년의 파리입니다. 영국에서 명예혁명이 일어난 지 꼭 100년 뒤의 일이지요. 미국이 영국으로부터 독립을 선언한 1776년으로부터는 10여 년이 지난 후이기도 합니다.

미국이 왕이 없는 나라로서 독립했다는 소문은 파리를 뒤흔들어 놓았지요. 혁명의 열기가 전달돼서 그랬기도 했지만, 프랑스가 미국 독립전쟁을 지원하느라 막대한 예산을 지출해서 그 전부터도 만성적이던 재정적자가 재정파탄으로까지 이어졌기 때문이기도 했습니다. 프랑스는 유럽대륙에서의 7년 전쟁(1756~1763)과 신대륙에서의 프랑스-인디언 전쟁(1754~1763)에서 패해 캐나다와 미시시피강 동서 양안의 토지를 모두 영국에게 뺏기는 굴욕을 당했던 전례가 있었기 때문에 영국으로부터 독립을 선언한 미국을 적극 지지하게 되었어요. 이로 인한 재정파탄으로 결국 프랑스 왕인 루이 16세는 전국 신분회를 소집하였고 여기서부터 세계를 뒤흔든 프랑스 혁명이 시작됩니다.

미국 독립전쟁이 프랑스 혁명의 원인이었다는 건가요?

꼭 그렇다기보다는 미국 독립전쟁이 프랑스의 경제 위기를 가져오는 데 한몫을 했다는 말입니다. 또 1760년경부터 시작된 산업혁명으로 영국에서 생산된 값싸고 질 좋은 공산품이 프랑스로 유입되어 프랑스 수공업자들이 큰 타격을 받아요. 1786년에 영국과 프랑스가 맺은 통상조약으로 인해 프랑스에서는 자국의 제조업이 현저히 쇠퇴할 것이라는 위기의식이 널리 퍼지기도 했고요. 그에 따라 국내 산업을 보호하기 위한 제도 개선을 요구하는 움직임이 커지고 있었지요. 이런 변화가 결국 전국 신분회를 소집하도록 만들었던 것입니다.

본격적으로 프랑스 혁명을 들여다보기 전에 우리가 잘 아는 장 발장 이야기를 먼저 해 보기로 하지요. 장 발장은 빅토르 위고의 소설《레 미제라블》의 주인공입니다. 원작소설은 우리말 번역본으로 다섯 권, 총 2500페이지나 될 정도로 너무나 길고 읽기 어렵지만 18~19세기 프랑스의 상황을 세밀히 묘사하고 있는 대작입니다. 최근에는 영화나 뮤지컬로도 만들어졌지요. 장 발장은 굶주린 누이와 조카를 위해 빵을 훔친 죄로 19년을 감옥에서 보내야 했습니다. 그가 감옥에 있는 동안 집안은 산산조각 나고 연락조차 끊기지요. 처음에는 5년 형을 받았는데 여러 번 탈옥을 시도하다가 붙잡혀 형량이 늘어나 19년이 되었지요. 소설에서 장 발장이 활동하던 시절을 실제 배경과 비교해 보도록 할까요. 장 발장이 처음 감옥에 갇힌 것은 1796년으로 프랑스 혁명이 거의 막바지에 이르던 때입니다. 뒤에서 보겠지만 1794년 로베스피에르가 처형된 후 혁명의 기세는 크게 꺾여 버렸지요. 장 발장이 석방된 1815년은, 나폴레옹이 엘바섬을 탈출하여 파리로 돌아왔지만 워털루 전투에서 패해 대서양 한가운데 있는 세인트헬레나섬으로 유배된 해입니다. 그러므로 장 발장이 활동하던 시절은 나폴레옹이 영광을 누리던 황제 시절 이후라고 할 수 있겠지요.

그러면 장 발장 이야기에 나오는 혁명 이야기는 프랑스 혁명이 아닌 거네요?

그게 좀 애매한데 그럴 수도 있고 아닐 수도 있습니다. 프랑스 혁명을 언제부터 언제까지로 보는가에 달려 있거든요. 소설에 나오는 혁명 이야기는 1832년 6월의 실패한 혁명을 배경으로 하고 있습니다. 소설 뒷부분에는 시민군이 바리케이드를 쌓고 정부군을 막아 보지만 결국 모두 죽는 장면이 나오는데, 실제로도 800여 명이 사망할 만큼 두 진영의 대치가 치열했다고 합니다. 장 발장이 소설의 또 다른 주인공인 마리우스를 구해 내는 장면이 나오는데 만일 장 발장이 아니었더라면 마리우스도 그때 사망한 사람들 중 한 명이 되었겠지요.

그렇다면 프랑스에서는 우리가 알고 있는 1789년의 혁명 외에도 여러 차례의 혁명이 있었나요?

그렇습니다. 교과서에서는 프랑스 혁명을 간단히 1789년에 일어났다고 표기하지만 사실 그해는 혁명이 시작된 해에 불과합니다. 1789년의 혁명 이후 1792년 루이 16세가 처형되어 공화정이 시작되었고, 널리 알려진 프랑스 혁명은 이때를 중심으로 한 사건들입니다. 그 후 우여곡절 끝에 나폴레옹의 지배를 거쳐 왕정이 다시 시작되었으나 1830년 7월의 혁명으로 루이 왕가를 이어받은 왕들은 영원히 복귀할 수 없게 되었습니다. 우리가 잘 아는 들라크루아의 그림 〈민중을 이끄는 자유의 여신〉이 바로 7월 혁명을 그린 것이지요. 7월 혁명의 성공으로 프랑스는 영국처럼 입헌군주제를 도입하게 되었습니다.

그럼 소설에 나오는 1832년의 혁명은 빅토르 위고의

1824년, 서클 10세가 왕위에 올랐으나 억압적 왕권의 부활을 시도한다. 그는 강력히 투쟁했을 밀자 많은 이의 반발을 사 퇴출된다. (Eugène Delacroix, 1830, Musée du Louvre)

상상을 기반으로 한 창작인가요?

아닙니다. 7월 혁명의 결과 시민의 지지를 바탕으로 왕이 되었다는 의미로 시민왕이라 불리는 루이 필리프가 왕위에 오릅니다. 하지만 그 역시 정치 개혁에 소홀하다 1848년 2월에 일어난 혁명으로 퇴위하게 됩니다. 《레 미제라블》에 나오는 혁명은 이 두 혁명 사이에 있었던 1832년 6월의 실패한 혁명을 배경으로 합니다. 공화주의자 라마르크 장군의 장례식 때 생전의 그를 지지했던 사람들이 일으킨 봉기였지요.

1848년 2월 혁명 이후에는 다시 다른 왕이 선출되었나요?

아니요. 왕정에서 다시 공화정으로 바뀌었는데 이를 제2공화국이라 합니다. 공화정이 왕정이 되었다가 다시 공화정이 되는 것을 보면 19세기 프랑스가 대단히 혼란스러웠다는 것을 알 수 있죠? 제2공화국에서는 나폴레옹의 조카 루이 나폴레옹이 초대 대통령으로 선출되었습니다. 그러나 재위 당시 중임제를 시도했지만 실패한 그는 임기 말년인 1851년에 쿠데타를 일으켜서 이듬해 황제의 자리에 올라 나폴레옹 3세가 됩니다.

다시 왕정으로 돌아간 거군요. 정말 정신이 없네요.

빅토르 위고는 나폴레옹 3세의 바로 이 쿠데타에 반대하고 공화주의를 옹호하다가 국외로 추방당했지요. 그 기간 동안 《레 미제라블》이라는 제목으로 장 발장 이야기를 썼습니다. 정리하자면, 위고는 나폴레옹 3세를 상대로 싸웠지만 그가 쓴 소설의 배경은 루이 필리프를 상대로 한 1832년의 실패한 혁명인 셈입니다. 다만 둘 다 왕정에 반대하고 공화정을 도입하려던 운동인 것은 같았습니다.

프랑스가 다시 공화정으로 돌아간 건 언제인가요?

나폴레옹 3세가 세운 프랑스 제2제국은 1870년 프로이센-프랑스 전쟁에서 패해 나폴레옹 3세가 포로로 잡히는 굴욕을 당하고 임시정부가 세워진 뒤 사라집니다. 이후 프랑스에는 제3공화국이 세워지고 그로부터 지금까지 공화정 체제를 유지하고 있으니 프랑스 혁명은 1870년이 되어서야 끝났다고도 할 수 있겠지요. 그래서 프랑스 혁명을 언제부터 언제까지로 보는지는 여러 시각이 있다고 말한 것입니다.

그렇다면 1789년의 혁명 이후의 공화국이 제1공화국이겠네요.

그렇지요. 프랑스 혁명을 언제부터 언제까지로 보든 제1공화국이 세워진 이야기가 프랑스 혁명의 중심 뼈대가 되는 이야기인 점은 변함이 없습니다. 그러므로 우리는 주로 이때의 이야기를 살펴볼 예정입니다.

1789년의 프랑스 사회도 《레 미제라블》의 배경이 된 1830년대와 크게 다르지 않았습니다. 아무리 열심히 일해도 희망이 별로 보이지 않던 사회였지요. 게다가 자연재해까지 겹쳤다고 해요. 혁명이 일어나기 바로 전해인 1788년 여름에는 가뭄이 들어 샘과 우물이 말라 먹을 물도 부족했는데, 어느 날에는 갑자기 돌풍이 불고 우박이 떨어졌다고 해요. 겨울에는 기온이 영하 20도이하로 내려가서 센강이 꽁꽁 얼었다고 합니다. 흉년에 추위까지 겹쳤던 거지요. 프랑스 정부는 부랴부랴 외국에서 식량을 수입해 왔으나 식량들도 웃돈을 주고서야 거래되었다고 합니다. 빵값이 치솟아 구하기가 어려울 지경이었지요.

> 의문이 하나 드네요. 장 발장은 빵을 훔치다가 잡히고 탈옥을 시도했다가 다시 잡혀서 옥살이를 계속했지만 훗날 이름을 바꿔 시장이 되고 공장까지 운영했잖아요. 프랑스 혁명이 일어났던 1789년은 장 발장이 활동하던 시절과 어떤 점이 달랐나요?

장 발장이 마들렌이라는 이름으로 구슬 장신구 공장을 경영하였다는 설정처럼 18세기 말부터 프랑스에는 공장이 많이 들어섰고 그런 공장을 운영하는 돈 많은 시민이 늘어났지요. 산업혁명은 영국에서 먼저 이루어졌다고 했잖아요? 농업 위주의 사회였던 프랑스도 영국처럼 산업사회로 변화하고 있었던 것입니다. 장 발장을 돈을 많이 가진 기업가로 설정한 것은 그런 사회 흐름을 반영한 것이지요. 그러나 1789년의 프랑스에서는 아직 제조업이 확실하게 자리 잡지 못했습니다. 프랑스 제조업자들은 산업혁명을 먼저 성공시킨 영국의 제조업자들에게 생계를 위협받았지요. 그러므로 경제적 어려움은 장 발장이 활약한 때보다 훨씬 컸을 겁니다. 프랑스의 왕 루이 16세가 1789년 전국 신분회를 소집한 이유는 이같은 프랑스의 경제적 어려움을 타개해 보려는 데 있었지요.

전국 신분회는 무엇인가요?
프랑스의 신분제 의회를 말합니다. 당시 프랑스 사회는 세 신분으로 나뉘었기 때문에 삼부회라고도 했지요. 제1신분은 성직자, 제2신분은 귀족, 제3신분은 성직자와 귀족을 제외한 사람들을 말합니다. 다만 제1신분에 속한 성직자는 고위 성직자이고, 하위 성직자들은 제3신분에 속했습니다. 1789년을 기준으로 보면, 프랑스 인구 2700만 명 중 제1신분에 속하는 고위 성직자는 약 12만 명, 제2신분에 속한 귀족은 40만 명 정도로, 제1신분과 제2신분을 합하면 전체 인구의 2퍼센트 정도였다고 합니다. 반면 제3신분은 도시 주민 20퍼센트, 농촌 주민 78퍼센트로 전체의 98퍼센트를 차지했지요. 귀족 중에서도 궁정 귀족은 궁정을 출입하는 약 4000명의 귀족을 말했어요. 이들을 제외한 나머지 귀족은 수입의 대부분을 하인을 고용하고 손님을 접대하는 등 체면을 유지하는 데 썼습니다. 게다가 육체노동을 할 수 없었으므로 어려운 생활을 하는 사람도 많았다는데 마치 조선 후기의 몰락한 양반을 보는 것과 같지 않나요? 마지막으로 제3신분에는 농촌과 도시의 주민 중 민중계급은 물론 장인과 상인으로 이루어진 중소 부르주아, 작위 없는 법관, 변호사, 교수, 의사 등 자유직업인들, 선주, 금융업자, 은행가들이 포함되었지요.

우리가 말하는 부르주아는 이들 중에서 누구인가요?
부르주아란 본래 도시에 사는 도시민을 가리키는 말이었는데 농촌에서도 사람들을 고용하여 대규모로 농사를 지을 만큼 부를 쌓은 사람들을 농촌 부르주아라고 했습니다. 결국 제3신분 중 부자와 지식인을 가리키는 말이 되었지요. 그들 중 대부분은 귀족보다도 많은 재산을 가질 정도로 경제력을 갖췄습니다. 제1신분과 제2신분 사람들 중에서는 사회가 변하고 있음에도 불구하고 구체제를 유지하려는 왕과 고위성직자, 고위 귀족들에 대해 불만을 가진 사람들이 많이 나오게 되어 제1신분과 제2신분은 같은 신분들 간의 단결이 어려워지고 있었어요. 반면 제3신분은 혁명 초기, 봉건제도나 제1신분과 제2신분의 특권에 반대하고 시민적 평등을 요구하는 목소리가 일치했다는 차이가 있었지요.

일치된 제3신분의 목소리는 언제라도 크게 터져 나올 수 있었겠네요.

제1신분과 제2신분 사람들은 많은 토지를 소유했음에도 면세 혜택을 받고 있었어요. 정부 고위직을 장악하고 온갖 특권을 누리기도 했지요. 그러다 보니 세금을 비롯한 각종 부담은 제3신분이 감당해야 했는데, 이를 구체제의 모순, 앙시앵 레짐(Ancien Régime)이라고 합니다. 날이 갈수록 커지는 재정적자조차 제도의 개선이 아니라 제3신분에게 더 많은 세금을 부과해서 해결하려고 했기 때문에 혁명의 직접적인 원인은 결국 재정파탄에 있다고 할 수 있습니다. 그리고 재정파탄은 왕실과 대귀족의 낭비 때문이기도 했지만 재정 구조가 허약했음에도 미국의 독립전쟁에 참전한 것이 결정적 일격이 되었지요.

도대체 전쟁으로 얼마나 지출했길래 국가 재정이 파탄에까지 이르게 된 거지요?

당시 기준으로 20억 리브르나 사용했다고 합니다. 노동자의 하루 일당이

04 구체제의 모순

제1신분과 제2신분 사람들은 권리를 누리고 제3신분 사람들은 의무만 부담하는 불공정한 현실에서 프랑스혁명은 필연적이었다. (작자 미상, 1789, 위키피디아)

1리브르였다고 하는데, 우리나라 노동자의 하루 일당을 10만 원으로 가정한다면 전쟁 비용은 200조 원이나 됩니다. 2020년 우리나라의 1년 국가 예산이 500조 원을 조금 넘으니 내 나라도 아닌 남의 나라 전쟁에 참여했던 것으로만 국가 예산의 약 40퍼센트를 썼다고 할 수 있겠네요. 게다가 1789년 총 통화량은 25억 리브르였는데 빚은 그 두 배인 50억 리브르에 달했어요.

어마어마한 돈이어서 감도 안 잡히네요.

그렇죠. 한 나라에 혁명을 불러일으킬 정도의 돈이니까요. 다급해진 루이 16세는 재무총감 칼론을 통해 과세의 평등을 확립하고 재정위기를 극복하려는 개혁을 시도했지요. 또 개혁안을 승인받기 위해 1787년 국왕이 자문한 의제를 논의하는 모임인 명사회라는 것을 소집했습니다. 주교, 대영주, 고등법원의 법관 등 144명의 명사를 왕 자신이 직접 선발하였으므로 동조해 줄 것이라 믿었지만 명사회는 칼론의 개혁안에 동의해 주지 않았어요. 그 여파로 칼론이 사임하고 다시 후임자가 개혁안을 명사회에 제출했으나 명사회는 자신들이 과세동의권을 가지고 있지 않다고 선언해서 해산되어 버렸지요.

왜 애써 소집된 명사회가 해산된 거지요?

자신들에게 그동안 면제되어 오던 세금이 부과될 거

라고 예상했기 때문이지요. 그 후 파리 고등법원은 과세에 대한 동의권을 가지는 유일한 기관인 삼부회(전국 신분회)의 소집을 요구했고, 우여곡절 끝에 왕은 1789년 5월 1일 삼부회를 열기로 결정했습니다. 고등법원은 새로 열릴 삼부회가 마지막 삼부회와 마찬가지로 별개의 세 신분으로 구성되며 각 신분은 각기 한 표식을 가진다고 결정했어요. 고등법원은 제3신분의 조세개혁 요구가 아무리 강력하다고 해도 제1신분과 제2신분이 힘을 합치면 2 대 1로 요구를 물리치고 종래의 특권을 그대로 유지할 수 있으리라 생각했지요. 마지막 삼부회가 열린 1614년으로부터 170년이나 더 지났는데 시대 변화를 반영할 생각이 전혀 없었던 것입니다.

고등법원도 특권계급이어서 그런가요?

그랬지요. 왕은 조세제도의 개혁을 요구했으나 제1신분과 제2신분을 비롯한 특권계급은 고등법원을 내세워 왕의 개혁 요구를 거절한 것이었어요. 법원이라는 곳이 법을 수호하고 약자를 감싸 안는 게 아니라 고위 성직자와 귀족이라는 특권계급의 목소리를 대표하고 있었던 겁니다. 결국 승리는 특권계급에게 와 있는 것처럼 여겨졌지요.

그러나 계속되는 흉작과 굶주림은 제3신분의 특권계급에 대한 증오를 더욱 키웠습니다. 사실 제3신분 중에서도 상층 부르주아들은 처음에는 세제개혁 등에서 특권계급의 입장에 동의하기도 했는데, 고등법원이 1614년의 절차에 따라 삼부회를 소집한다고 하니까 그들조차 특권계급의 일방적인 결정에 대해 반발하게 되었지요. 오히려 왕의 개혁에 희망을 거는 형편이었습니다. 그래서 삼부회가 어떻게 진행될지는 누구도 예측하기 어려웠습니다.

그냥 특권계급들이 세금을 조금 더 부담하겠다고 결정했으면 혁명은 상당히 늦어졌을 수도 있었겠네요.

일시적으로는 그랬을 수도 있었겠지요. 그러나 연이은 정책의 실패와 재정파탄으로 루이 14세 후반기부터 프랑스 왕실의 권위는 실추되기 시작했고, 루이 16세 때에는 이미 극도로 약해진 상태였지요. 이웃 영국에서 명예혁명을 통해 입헌군주제가 순조롭게 도입되었고 미국에서는 독립에 성공한 뒤 공화정이 선언되었다는 이야기가 쉽게 전달되었다는 것을 생각하면 어떤 식으로든 변화가 요구되던 시점이었긴 합니다.

삼부회와 바스티유 감옥 함락

삼부회는 프랑스에서 1302년 교황에 대항하던 필리프 4세를 지지하기 위해 조직되었다고 해요. 노트르담 성당에 사제, 귀족, 도시의 대표들이 모인 것이 기원이라고 합니다. 그러나 왕의 결정에 대해 지지 여부를 표시하는 정도의 역할을 수행했을 뿐 의결권은 없었으므로 그 역할은 의회와는 다르다고 하지요. 그나마도 지방 삼부회는 가끔 소집되었다고 하지만 전국적인 규모의 삼부회는 1614년 마지막 소집된 이래로 전혀 소집되지 않고 있다가 루이 16세 때 처음 소집되었다고 합니다.

대대적인 개혁이 아니라 삼부회 개최만으로 민중의 불만을 잠재울 수 있다고 생각했나 봐요.

그랬던 거지요. 그런데 특권계급인 제1신분과 제2신분에 대한 제3신분의 반발을 너무 간과한 것이 문제였습니다. 그나마 1788년 12월, 제3신분의 반발을 의식한 고등법원은 1614년의 절차에 따른다는 종전의 결정을 약간 수정하여 제3신분의 대표단 숫자를 늘리는 데에는 찬성했지요. 이후 정부가 작성한 선거 규정에 따라 전국적으로 실시된 선거에서 제1신분에서는 291명의 대표단, 제2신분에서는 270명의 대표단, 제3신분에서는 578명의 대표단이 선출되었어요. 뒤에 나올 공포정치의 대명사로 유명한 로베스피에르도 제3신분 대표단의 한 명이었지요. 《제3신분이란 무엇인가》라는 책을 통해 제3신분의 지위를 새롭게 부각시킨 E. J. 시에예스 신부도 제3신분 대표단에 가담하였습니다.

1789년 5월 2일에는 각 신분의 대표들이 베르사유 궁전에 모여 왕을 알현했습니다. 왕은 제1신분과 제2신분 대표들은 집무실에서 접견했지만 제3신분 대표들은 침실에서 열병식을 하듯이 맞아들였다고 해요. 5월 4일 일요일에는 왕의 가족들, 왕족들, 대신들과 대표들이 모두 노트르담 성당에 모여 기도한 뒤 근처의 생루이 교회로 가서 주교의 설교를 들었어요. 드디어 5월 5일 미리 준비된 회의실에서 회의가 열렸습니다. 왕은 정오 무렵 입장하여 연설을 했고 국새경(왕의 도장인 국새를 관리하는 직위를 가짐, 우리나라의 국무총리와 비슷한 상서령과 함께 행정을 총괄하고 상서령이 왕의 신임을 잃으면 국새경이 업무를 대행함) 바랑탱과 재무총재 네케르가 그동안의 경위나 재정 문제에 대한 보고서를 발표했지요. 제3신분 대표들이 가장 관심을 갖고 있는 것은 신분별 투표가 아닌 개인별 투표를 시행할지 여부였습니다. 그런데 이에 대한 논의는 없었고 왕은 대표들이 합의하여 왕의 허락을 받으라는 말밖에 언급하지 않았다고 합니다. 왕이 회의장을 떠나고 회의가 끝난 것은 오후 4시 반 경이었다고 해요.

일종의 개회식에 불과했네요.

그렇지요. 그리고 바로 다음 날부터 회의는 삐걱거렸지요. 5월 5일의 회의 이후 제3신분 대표들은 같은 주 출신들끼리 모여서, 신분별로 한 표를 행사하는 것은 제3신분을 무력하게 만드는 것이기에 동의할 수 없다고 의견을 모았습니다. 예를 들어, 지배층인 제1신분과 제2신분이 갖고 있는 토지의 면세 혜택을 폐지하는 안건이 제출됐는데 제3신분이 찬성표를 던져도 제1신분과 제2신분이 연합해서 반대표를 던지면 2 대 1로 부결될 것이 뻔했다는 거지요. 이렇게 제3신분 대표들의 숫자가 많다고 해도 기존의 투표 방식이 바뀌지 않는다면 문제가 개선될리 만무했습니다.

다음 날 제3신분 대표들은 아침부터 회의실에 모여 다른 두 신분 대표들을 기다렸으나 그들은 각기 다른 회의실에서 따로 회의를 열고 있었지요. 먼저 각 신분 대표들의 자격을 심사해야 했는데 다른 신분의 대표들은 이 자격 심사를 합동해서 할 생각이 없었던 거지요.

6월 10일이 되어서야 제3신분 대표는 시에예스 신부의 의견에 따라 세 신분 대표들의 자격을 심사하기 시작했어요. 제3신분 대표들은 참석 여부에 상관없이 자격심사를 했습니다. 그리고 6월 15일 시에예스 신부는 자격심사가 끝났으니 지체 없이 의회 구성을 하자고 제안했고, 6월 16일에는 자정까지 토론을 거듭하여 그 의회를 '국민의회'라고 부르기로 결정했지요. 그리고 6월 17일에는 국민의회가 국민 대부분이 직접 파견한 대표로 구성된 유일한 의회임을 선언하였습니다. 최초의 의회가 프랑스에서 탄생한 것이지요.

<u>왕이나 귀족들은 가만있었나요? 그냥 보고 있지만 않았을 것 같은데요?</u>

그렇죠. 따로 회의를 하던 귀족들은 국왕에게 항의서를 제출하였고 정부의 실질적 조정기구인 참사회는 제3신분의 결의를 무효라고 결정합니다. 6월 20일, 회의실로 향하던 제3신분의 대표들은 회의실이 폐쇄된 것을 알게 됐어요. 그리고 6월 22일에 왕이 삼부회를 주재할 계획이니 그 위상에 맞게 내부를 정리해야 한다는 공고가 붙었고 회의실의 의자도 대부분 치워져 있었지요. 그러자 제3신분 대표들은 근처에 있던 실내정구(죄드폼) 체육관으로 가서 헌법이 제정되어 확고한 토대 위에 자리 잡을 때까지 해산하지 않고 장소에 상관없이 회의를 열겠다고 맹세를 하였습니다. 이것이 유명한 '죄드폼의 맹세' 또는 '테니스 코트의 서약'이고, 자크 루이 다비드가 그림으로 남기기도 했지요.

자신의 정당한 권리를 찾기 위한 열망과 몸짓은 그 어느때보다 강렬하였다. Jacques-Louis David, 1791, Musée National du Château)

05 죄드폼의 맹세

2장 프랑스 혁명, 헌법에 인권을 넣다

그럼 6월 22일 회의는 열렸어요?

회의는 연기되어 다음 날인 23일에 열렸지만 루이 16세는 군대 2만 명을 시내에 배치시켜 베르사유 궁전에서 파리로 연결된 큰길과 회의장 근처의 길을 막고 일반인들을 통제했습니다. 때문에 회의실에 일반인들이 참관하는 것도 금지된 상태로 회의가 열렸지요. 게다가 왕은 세 신분이 따로따로 회의하도록 하고 제3신분이 내린 결정도 무효라고 선언합니다. 그러면서도 왕은 제1신분과 제2신분이 대부분이었던 특권층에게도 일부 특권을 버리라고 하고 부분적으로나마 조세제도의 개선도 약속합니다.

왕의 연설이 있은 후 몇몇 성직자와 대부분의 귀족은 회의장을 빠져나갔지만 대다수 성직자와 제3신분 대표들은 그대로 회의장에 머물렀습니다. 그들은 자신들이 내린 그동안의 결정을 재확인하고 대표로서 자신들의 신분은 불가침이라고 선언했습니다. 그러자 왕은 근위대에게 이들을 해산시키라는 명령을 내렸는데 제3신분의 편에 선 라파예트 등 몇몇 귀족의 항의로 철회됩니다. 다음 날인 6월 24일, 대부분의 성직자 대표가 국민의회에 합류하였고 귀족 대표 47명도 합류하자 왕은 결국 6월 27일 성직자 대표와 귀족 대표에게 제3신분과 함께 회의를 열라는 명령이 담긴 편지를 보냅니다.

결국 제3신분이 이긴 거네요.

그렇게 되었지요. 이로써 삼부회는 사라지고 완전하게 구성된 국민의회가 6월 30일부터 출범했습니다. 7월 7일에는 의회의 30개 위원회에서 한 명씩 모아 헌법준비위원회를 구성했어요. 7월 9일에는 국민의회가 스스로를 제헌국민의회라고 선언했지요.

물론 국민의회가 발전해 나가는 걸 루이 16세가 가만히 보고만 있지는 않았어요. 7월 8일 국민의회는 왕에게 군대를 철수시키라고 요구했는데, 왕은 사흘 뒤 그럴 수 없다는 회답을 보내왔어요. 무질서를 예방하고 시위를 진압하려면 군대가 필요하다는 이유에서였지요. 그러면서 왕은 제3신분의 지지를 받고 있던 총리대신이자 재무총재인 네케르에게 24시간 안에 아무에게도 알리지 말고 프랑스를 떠나라는 명령이 담긴 편지 한 장을 보내서 해임했고, 네케르는 부인과 함께 벨기에로 떠납니다.

여기서 네케르가 맡은 재무 담당직은 귀족이 맡을 때는 재무총감이라고 부르고 네케르처럼 귀족 출신이 아닌 사람이 맡을 때는 재무총재라고 불렀다는 것을 생각하면 평민들은 네케르에게 호의적이었을 거라는 것이 짐작되지요? 네케르가 해임됐다는 소문이 7월 12일 오전부터 파리 시민들에게 알려지면서 경제적 위기에 대한 불안이 부자와 빈자를 가리지 않고 퍼져 나갔어요. 주식 중개인들은 항의의 표시로 증권거래소를 폐쇄했고, 공연

장들은 문을 닫았으며, 집회와 시위가 여기저기서 일어났습니다. 곳곳에서 시위대와 군대가 충돌하였고 시위대는 무기상점을 약탈해서 무장하기 시작했지요. 일부 병사들도 무기를 가지고 시위대와 합류했습니다.

시민들의 분노가 대단했네요. 왕은 어떻게 했어요?

루이 16세는 파리 시민들이 베르사유 궁전으로 오지 못하도록 파리와 베르사유를 잇는 모든 길목에 군대를 배치하고 출입을 통제해서 12일 오후부터는 두 지역 간의 왕래가 차단되었다고 해요. 그러나 그런 조치에도 불구하고 다음 날인 7월 13일 파리에서는 온종일 시위가 계속되었지요. 사람들은 거리를 몰려다니면서 밀가루나 무기를 찾아다녔습니다. 국민의회는 왕에게 대표단을 보내 군대를 물리고 네케르를 다시 불러들여야 한다고 건의하기로 했고, 왕이 동의하면, 파리에도 대표단을 보내 시위대를 설득하겠다는 중재안을 제시했어요.

그러나 왕은 파리의 무질서를 핑계로 들며 건의를 물리치면서 헌법을 제정하는 조치를 계속하라고 할 뿐이었어요. 요구를 관철하지 못한 국민의회로서는 파리와 베르사유 궁전에 배치한 군대를 물리고 부르주아 민병대를 창설하라는 등의 결의를 할 수밖에 없었지요. 파리에서 무질서 상태가 지속되는 것을 막기 위해 시민으로 구성된 민병대를 창설하기로 했다는 소식을 듣고 이를 지지할 필요가 있었기 때문입니다. 그리고 운명의 날인 7월 14일, 시위대는 상이군인과 퇴역군인들을 수용하던 보훈병원인 앵발리드에서 소총 3만 2000정과 대포 20문을 확보했습니다. 하지만 탄약은 얻지 못했어요. 때문에 그들은 탄약을 구하기 위해서 바스티유 감옥으로 몰려갔습니다.

바스티유 감옥이 탄약고 같은 곳이었나요?

감옥으로 알려진 바스티유는 사실 요새로 쓰기 위해 지어졌고 당시에도 250명이 넘는 군인들이 지키고 있었습니다. 그런데 마침 하루 전인 13일, 병기창에서 바스티유 감옥으로 화약 250통이 넘겨졌다는 사실이 알려지자 시위대는 바스티유로 가게 된 거였지요.

14일 아침 10시경, 세 명의 대표단이 바스티유 감옥 사령관을 만나서 민병대에게 화약을 넘겨주고, 바스티유 감옥 주변 사람들이 대포를 보고 불안해하니 대포를 뒤로 빼 달라고 요청했어요. 사령관은 이 요청을 받아들여 수비대원들에게 대포를 빼라는 명령을 내렸는데 그것을 본 시위대는 철수가 아니라 오히려 발사를 준비한다고 오해하였고, 시위대의 숫자는 점점 더 늘어났지요. 시위대 숫자가 늘어나자 바스티유 감옥 사령관도 대표단이 감옥을 공격할 시간을 벌려는 것으로 오해하게 됩니다.

<u>세계를 뒤흔든 혁명이 오해에서 비롯되었다는 건가요?</u>

요즘처럼 SNS가 발달해서 정보가 잘 전달되는 시절이 아니니 오해가 생길 수도 있었지요. 협상을 마친 대표단은 시위대에게 요구가 받아들여졌다고 했으나 시위대는 그 사실을 믿지 않았습니다. 그래서 대표단을 한 번 더 보냈는데 시위대의 숫자가 늘어나면서 협상 내용이나 경과가 제대로 전달되기는커녕 사실을 제대로 알지 못하는 사람들이 더 많아졌지요.

그때 시위대원 두 명이 바스티유의 지붕 위로 올라가서 바스티유를 둘러싼 해자(垓子)를 건너는 다리의 사슬을 끊어 감옥과 바깥이 연결되자 사람들은 바스티유로 몰려 들어갔습니다. 그러자 위협을 느낀 수비대가 총을 쏘았고 시위대 중에서 구두장이 한 명과 가로등에 불을 켜는 일을 하던 사람이 총에 맞았지요. 이렇게 시위가 유혈 사태로 번지자 세 번째 대표단이 파견되었으나 시위대 쪽에서 희생자가 계속 나왔기 때문에 협상은 이루어지지 못했어요. 이후 시위대에 합류한 병사들이 대포를 끌고 와 바스티유를 향해 겨누자 사령관은 결국 항복이 담긴 쪽지를 보냈지요. 그때가 오후 5시였다고 해요. 이것이 유명한 바스티유 함락 사건입니다.

<u>바스티유는 철가면을 쓴 죄수가 갇혀 있던 감옥 아니었나요? 루이 14세가 자신의 친아버지에게 철가면을</u>

씌워 가뒀다는 이야기도 들었어요.

바스티유 감옥은 루이 14세 무렵부터는 주로 정치범이나 돈 많은 사람들을 수감하는 감옥으로 사용되었다고 합니다. 루이 14세가 가둔 사람은 루이 14세의 쌍둥이 동생이라는 설도 있지요. 실제로 1698년부터 1703년까지 바스티유 감옥에는 가면을 쓴 죄수가 수감되었다는 기록이 있다고 해요. 소문처럼 철가면은 아니고 벨벳으로 만든 가면이라는데 그게 누구인지는 알려지지 않았다고 합니다. 또 다른 설에 의하면 당시의 재무총감 니콜라 푸케의 시종 외스타스 도제르라고 죄수 명부에 등재되어 있었다고 해요. 루이 14세 당시에는 정치범들 중에 벨벳 가면을 쓴 죄수들이 여럿 있었다고도 하지요. 그러자 볼테

르나 알렉상드르 뒤마의 소설 등에서는 쌍둥이 형제설이 제기되기도 하는 등 소설과 영화의 소재로 사용된 겁니다.

　함락 당시에 갇혀 있던 사람들은 모두 풀려났겠네요?

　그랬다고 하네요. 그런데 죄수는 일곱 명밖에 없었다고 합니다. 그중 네 명은 사기범이었고, 두 명은 정신질환자, 나머지 한 명도 정치범은 아니었다고 해요. 사디즘이라는 용어로 유명한 사드 후작도 당시 수감되어 있었는데 7월 2일경에 이미 다른 곳으로 이감되었다는 말도 있습니다.

　바스티유 감옥 함락 후 사령관은 어떻게 되었어요?

　사령관은 자결을 시도했지만 실패했고 시위대에게 붙잡혀 파리 시청으로 끌려갑니다. 그러나 그 과정에서 분노한 시민들에게 욕설을 듣고 발길질과 주먹질을 당하다가 결국 칼에 찔려 죽었습니다. 시위대는 그의 머리를 잘라 창끝에 꿴 채 시청까지 행진했다고 합니다. 또 일부 군인들 역시 함께 죽임을 당한 뒤 같은 방법으로 머리가 창끝에 꽂혔고, 파리 시장도 바스티유 사령관과 내통한 증거가 나왔다고 하여 권총으로 사살되었어요. 밤 11시경에야 그들의 머리가 시체 공시소에 안치되었다고 합니다.

　그 역사적 순간에 왕은 어디서 무엇을 하고 있었나요?

바스티유 감옥이 함락된 날, 의회의 대표단은 다시 왕에게 갔으나 전날과 달라진 점이 없다는 왕의 대답만 듣고 왔다고 해요. 종일 베르사유 궁전 근처에 있는 숲에서 사냥을 하다가 밤늦게야 바스티유 감옥이 함락되었다는 소식을 들은 왕은 이제 달라지지 않을 수 없었지요. 다음 날인 7월 15일에는 친위대 대신 동생 두 명만 데리고 의회로 직접 와서 파리와 베르사유 궁전에서 군대를 물리라는 명령을 내렸다고 합니다. 호미로 막을 것을 가래로 막은 것이지요.

바스티유 감옥이 함락된 후 국민의회와 파리 시민들의 모습은 어떠했나요?

7월 15일, 왕을 배웅하고 회의실로 돌아온 의원들은 대표단 88명을 뽑아서 파리로 보냈습니다. 이미 활동 중이던 부르주아 민병대와 병사들의 호위를 받으며 파리에 도착한 그들은 파리 시민들의 열렬한 환영을 받았고 많은 사람이 감격해서 눈물을 흘렸다고 하지요. 왕은 파리에 있는 부르주아 민병대의 창설을 승인했고 파리 시민들은 바이이를 파리 시장으로 뽑았으며 시민들은 의회 대표단과 함께 노트르담 성당으로 가서 미사를 올렸다고 합니다. 16일에 열린 의회에서는 부당하게 해임된 네케르를 다시 불러오도록 왕에게 요청하자는 논의가 있었고, 왕의 명령에 따라 군대를 물리겠다는 내용이 담긴 육군대신의 편지도 도착합니다. 이후 왕의 요청에 따라 17일에는 파리로 가는 왕과 동행할 대표단을 뽑았고 왕이 파리 시청을 방문해서 새로 시장이 된 바이이의 환영을 받고 혁명의 상징인 삼색기를 모자에 달기까지 했어요.

그것으로 프랑스 혁명은 끝난 건가요?

바스티유 감옥이 함락되었지만 왕이 국민의회의 존재를 인정했을 뿐 혁명이 끝난 것은 아닙니다. 이후 80여 년 동안 왕정과 공화정이 번갈아 가며 세워지고 엎어지지요. 루이 16세는 위기의 순간에만 혁명 세력을 달래는 제스처를 취했을 뿐 근본적으로 왕정 자체를 포기하지는 않았어요. 뒤이어 나오겠지만 왕은 오스트리아 같은 외국 세력과 몰래 연락을 주고받으며 전쟁을 부추기기도 하고 프랑스 탈출을 시도하는 바렌 사건을 일으키는 등 혁명을 방해하는 행위들을 계속했지요. 특권계급들도 왕정을 유지하고 혁명의 흐름을 막으려 했고요. 앞에서 언급했듯이 나폴레옹 3세가 물러나기까지 세 차례나 왕정이 들어섰고 1870년이 되어서야 프랑스에는 확고한 공화정이 자리합니다. 어떤 이는 길게 봐서 1789년부터 1870년까지를 프랑스 혁명이라고 보지만, 어떤 이는 짧게 봐서 1789년부터 시에예스 신부가 나폴레옹과 손을 잡고 쿠데타(브뤼메르의 쿠데타)를 일으켜 통령 정부 시대가 시작되기 직전인 1799년까지를 프랑스 혁명이라고 말하기도 합니다. 앞에서 언급한 시에예스는 총재정부에서 5인의 총재 중 1명이었는데 나중에는 오히려 나폴레옹과 손을 잡고 총재정부를 무너뜨리는 데 일조했지요. 그러나 나폴레옹을 이용하려다 오히려 나폴레옹에 밀려서 실권을 빼앗기게 됩니다.

나폴레옹까지 가려면 한참 남았나 보군요.

그래요. 프랑스 혁명을 연구한 책들은 대부분 방대하니까 나중에 흥미가 있으면 따로 공부할 필요가 있어요. 프랑스혁명의 성격에 대해서는 오늘날까지도 토론이 계속되고 있지요. 그 부분은 다음 기회로 넘기고 제1공화국을 전후한 혁명 이야기에 집중해 보기로 하지요.

프랑스 인권선언

바스티유 감옥이 함락되던 7월 14일, 의회는 의원 여덟 명을 뽑아 헌법위원회를 구성하고 27일에는 헌법 초안을 마련해 의회에서 발표합니다. 시에예스 신부도 위원회에 포함되어 있었어요. 그러나 파리는 여전히 혼란스러웠고 지방 도시에서도 시민들이 공공금고와 무기고를 점령하고 스스로를 방어하기 위한 민병대를 조직하는 일이 이어집니다. 7월 20일부터

보름 동안, 도적들이 떼를 지어 나타나 곡식을 베어 가고 마을을 불태울 것이라는 소문이 퍼지자 농민들은 저마다 무기를 들고 봉기를 일으켰어요. 농민 무리와 부르주아 민병대 간의 교전이 벌어지는 지역도 있어서 지방에서는 질서를 회복하는 일이 시급하다는 인식이 퍼졌습니다.

농촌과 지방의 혼란은 의회에도 영향을 끼쳐 8월 4일에는 결국 의회에서 특권층들이 지니고 있던 여러 특권을 포기하기로 결정합니다. 성직자들은 농민들로부터 걷던 십일조를 포기하고, 귀족들은 수렵권, 영주의 재판권, 관직 매매 등을 폐지하기로 한 것이지요. 그리고 11일에는 세부 내용을 다듬어 특권의 폐지에 관한 법을 의결하였어요. 그 법의 제1조는 "의회는 봉건제를 완전히 폐지한다"였습니다.

> 와, 정말로 혁명적인 변화네요. 그때부터 프랑스에서도 영국에서처럼 특권계급이 아닌 법에 의한 지배가 이루어지게 되었나요?

아니요. 특권의 폐지에 관한 법도 현대적인 의미에서 보면 완벽한 폐지는 아니었습니다. 세세한 내용을 살펴보면 인신 예속에 관한 권리 외에 다른 권리들은 귀족들로부터 되살 수 있고, 그 액수와 방법은 나중에 의회가 정하기로 한다고 되어 있어서 무상으로 폐지되는 것과 유상으로 폐지되는 것을 구별했어요. 소작인인 농민은 지주인 영주와 맺은 계약에 따라 소작료를 납부해 온 것이므로 거기서 해방되기 위해서는 토지에 대한 권리를 농민들이 사 와야 했고 본질적으로는 봉건 체제가 여전히 남아 있었지요. 이를 토지 되사기 제도라고 했어요. 농민들은 토지를 되사 올 돈도 없었거니와 조건도 까다로웠지요. 그래서 여전히 농민들의 저항은 지속되었고 토지를 구입하는 데 드는 돈의 납부를 거절하기도 했어요. 이 제도는 1792년 8월, 국민공회에 이르러서야 폐지되었지요.

우리가 알고 있는 인권선언은 언제 있었나요?

특권의 폐지에 관한 법을 의결한 날 오전, 의회는 헌법의 앞머리에 인권선언을 넣기로 합의했습니다. 그 이후로 많은 의원이 초안을 내놓았는데 8월 13일에는 5인 위원회를 만들어서 그때까지 나온 여러 안을 검토하도록 했어요. 아무튼 그 후에도 조문을 하나하나 함께 검토한 의원들은 8월 26일 결국 17개조에 담긴 '인간과 시민의 권리선언', 줄여서 '인권선언'을 발표했습니다.

그러면 나중에 헌법을 만들었다고 해도 인권선언은 딱히 큰 역할을 하지는 못했을 것 같은데요? 결국 유명무실해지는 게 현대 정치와도 별 차이가 없는 것 같아요.

그렇게 생각할 수 있지만, 첫술에 배부를 수는 없잖아요? 헌법을 제정하기까지는 시간이 걸릴 테니 먼저 헌법에 담을 이념을 선언하고 순차적으로 다져 나가기 위해 만들었다고 보면 좋을 것 같네요. 인권선언의 전문(前文)에서는 제일 먼저

07 인간과 시민의 권리선언

현대 시점에서는 한계도 나타나는 미흡한 선언문이지만 자유와 평등을 바탕한 인간의 가장 기본적인 자유권을 선언했다는 점에서 대단성과 함께 한 미흡함의 기쁨을 맞았다. (Jean-Jacques-François Le Barbier, 1789, Musée Carnavalet)

인간의 양도할 수 없고 신성한 자연권을 선언합니다. 제1조는 자유권과 평등권을, 제2조는 자유, 재산, 인권과 압제에 대한 저항권을, 제3조는 주권은 국민에게 있다는 주권재민(主權在民)을, 제10조, 제11조는 사상, 종교, 의사표명의 자유를 선언하고 제12, 제13, 제14조는 공권력은 인간과 시민의 권리를 보장하기 위한 것이며, 국가는 구성원의 동의를 얻어 그 능력에 맞게 과세해야 한다고 했고, 제17조는 재산권은 침해할 수 없고 신성한 권리라고 했어요.

현대 헌법에서 정하는 내용들과도 비슷하네요.

현대의 헌법이 참조하는 가장 중요한 문서 중의 하나이니까 비슷한 것도 당연하지요. 그러나 한계도 있습니다. 제1조를 보면 "공공의 이익만이 사회적 차별의 근거가 될 수 있다"라는 단서조항을 넣어서 평등권을 제한했지요. 제6조에서도 모

든 사람은 법 앞에 평등하다고 선언하면서도 능력에 따라 모든 공직과 지위에 취임할 수 있다고 해서 부(富)에서 야기된 불평등 문제에 대해서는 언급이 없었어요. 또 제10조에서 종교의 자유를 선언했지만 그것도 법이 정한 공공질서를 해치지 않는 범위 내에서만 허용했으며, 제11조의 언론, 출판, 표현의 자유도 때에 따라 법으로 제한할 수 있는 것으로 규정하고 있지요. 또 재산권은 신성불가침하다고 선언한 제17조는 자유권을 선언한 제2조가 있는데도 강조되어 있지요. 그래서 프랑스의 인권선언은 영국의 권리장전이나 미국의 독립선언보다 폭넓은 인간의 권리를 선언하였다는 평가도 있으나, 당시 제헌의회를 지배하던 부르주아의 특성이 반영되어 자유와 평등을 형식적으로만 인정했을 뿐이라는 비판도 많았습니다.

왕은 인권선언을 순순히 받아들였나요? 제1조부터 자유권과 평등권을 선언했는데 왕이 이걸 두말없이 승낙하지는 않았을 것 같아요.

그 말대로 왕은 성직자와 귀족의 재산을 뺏는 일을 용납할 수 없다면서 특권의 폐지에 관한 법이나 인권선언에 서명하지 않았어요. 오히려 왕은 군대를 다시 베르사유 궁전으로 소집해서 의회의 행보에 압박을 주고 제동을 걸 생각이었지요. 의회도 혁명을 늦추고 특권계급의 권한을 강화하려는 움직임과

이를 반대하는 움직임으로 나뉘어 분열되기 시작합니다. 경제적 위기와 이로 인해 심해진 정치적인 소요는 계속되었고, 그런 와중에도 의회는 왕에게 거부권을 주는 문제와 의원의 임기 등을 논의해 갔습니다.

결국 9월이 돼서야 이 문제가 결정됐지요. 즉, 의회의 임기를 2년으로 하고, 왕에게는 의회가 제정한 법에 대한 거부권을 주되, 그 의회와 다음 의회까지 효력을 가진다고 했습니다. 10명 기권, 224명이 2년의 거부권에 찬성, 728명이 4년의 거부권에 찬성했지요. 국민의 대표들이 법을 만들면 왕은 제한적 거부권만을 가지는 것으로 타협한 결과였습니다.

여담으로 의장석 왼쪽에는 왕이 거부권을 행사하는 데 반대하는 의원들이, 그리고 오른쪽에는 찬성하는 의원들이 자리했는데 이후로 '좌익' '우익'이라는 용어가 생겨났다고 합니다. 뉴스나 언론에서 나오는 '좌파'나 '우파'라고 하는 말의 유래가 되었지요.

> 왕은 거부권을 가지게 됐으니 의회에 끌려다니지 않을 수 있어서 괜찮았을 것 같아요. 왕 입장에서는 인권선언을 인정할 필요도 없지 않았나요?

왕은 특권의 폐지에 관한 법도, 인권선언도 인정하지 않고 버티고 있었지요. 또 의회의 이런 정치적 움직임은 경제적으로 어려운 사람들에게는 아무런 도움도 주지 못했지요. 물가는 계속 오르는데 일자리는 줄어들면서 크고 작은 시위는 그치지 않았어요.

그러던 10월 어느 날, 베르사유 궁전에서 왕실 근위대 장교들과 플랑드르 연대 장교들이 와인을 마시다가 모자에 달린 삼색 표식을 짓밟는 사건이 일어납니다. 자유, 평등, 박애를 주장한 혁명의 상징을 부정하고 왕가와 왕비를 상징하는 흰색과 검은색 휘장을 단 채 소란을 피우고 주둔지를 벗어나 파리까지 이동했지요. 민중 입장에서는 당장 먹을 빵도 없어 굶주리고 있는데 군인들이 술을 마시고 난동을 부렸다는 점과 왕을 내세우고 자신들을 기만했다는 점을 용납할 수 없었습니다. 결국 10월 4일 빵을 달라고 요구하는 여성들의 시위가 일어납니다.

10월 5일 파리 시청에 모여든 여성들은 시청에 있던 서류들을 불태우면서 시장인 바이이와 국민방위군으로 바뀐 부르주아 민병대 사령관 라파예트의 목을 매달아야 한다고 외치다가 베르사유 궁전으로 발길을 돌렸지요. 무려 6000명이 모여 베르사유 궁전으로 몰려갔고, 베르사유 주민들도 '파리 여성들 만세!'를 외치며 반겼다고 해요. 사냥을 마치고 돌아온 왕은 시위대 대표단들과 접견하고 빵을 원활하게 공급하라는 명령서를 보내며 나름 사태를 진정시키려 했지만 시위대들은 그 말을 믿지 않았습니다. 왕궁 수비대 병사가 쏜 총에 맞아 시위대 여성이 쓰러지기도 했지요. 그사이 왕은 의회의장에게 특권의 폐지에 관한 법과 인권선언을 가져오라고 한 뒤 서명합니다.

결국 빵을 달라는 여성들의 외침이 있고서야 서명한 거로군요.

그랬지요. 인간은 태어날 때부터 자유로우며 평등한 권리를 가진다는 프랑스 인권선언은 이렇게 탄생했습니다. 의회의장은 밤늦게 의회로 돌아가 그동안 거부권을 행사해 오던 왕이 법안에 서명했다고 알리고 온종일 굶은 채로 있던 시위대에게 빵과 와인을 비롯한 음식들을 제공해 사태를 진정시켰어요. 베르사유의 주민들도 시위대에게 잠자리를 내주는 등 호의를 베풀었고 시위대는 교회나 공공건물에서 하룻밤을 보냈지요.

들리는 이야기 중 왕비인 마리 앙투아네트가 '빵이 없으면 케이크를 먹으면 되지 않냐'라고 했다는 말은 이때 한 건가요?

세상 물정 모르고 온실 속의 화초처럼 편안한 곳에 있는 사람들의 어이없는 행태를 이야기할 때 자주 쓰는 구절이지요. 그러나 실제로 그렇게 말하지는 않았다고 합니다. 대신 공주가 시위대를 보고 저런 이상한 옷은 처음 본다고 말한 적은 있다고 해요. 아마도 왕족이나 귀족들만 보고 자라서 서민들의 옷차림은 못 본 탓이었겠지요.

그런데 다음 날 아침, 왕궁 수비대 병사가 쏜 총에 시위대가 죽는 사건이 일어났어요. 그러자 시위대는 궁전으로 들어가 제일 먼저 마주친 수비대 병사를 범인으로 지목한 뒤 머리를 잘라 창끝에 꿰었지요. 그들은 다른 수비대원도 잡아서 창으로 찌르기도 하는 등 난투극을 벌였고 궁전으로 들어가 왕비의 침실을 찾아다니기도 했어요. 시위대의 소리에 놀란 왕이 발코니에 모습을 드러내자 시위대는 왕에게 파리로 갈 것을 요구하였습니다.

　　　왕은 순순히 따랐나요?
　　　이전까지만 해도 요구를 받아들이지 않던 왕은 시위대의 위협에 놀라 왕비와 왕자까지 데리고 발코니로 나와서 파리로 가겠다는 약속을 합니다. 그러자 시위대는 '왕비 만세'를 외치며 서로 얼싸안았다고 해요. 오후 1시가 되자 왕과 왕비, 왕궁의 시녀와 하인들이 탄 마차가 베르사유 궁전을 떠났고, 그들을 뒤따르는 국민의회 의원들의 마차까지 모두 100여 대의 마차가 파리로 향했다고 하지요. 왕과 그 가족들은 밤 10시가 되어서야 튀일리 궁에 당도했고 이후 쭉 파리에 머무르게 되지요. 그런데 민중의 뜻에 따라 파리로 돌아온 왕이었지만, 개혁적 법안, 이를테면 대주교와 주교, 사제를 시민이 직접 뽑고, 뽑힌 성직자는 국민과 왕, 헌법에 충성한다는 '성직자 시민 헌법'의 입법을 승인하지 않았지요. 그러다 해가 바뀐 1790년 7월에야 마지 못해 승인합니다. 또 의회의 요구에 대해서는 여전히 미온적인 반응을 보이는 등 왕은 구체제를 포기하지 못했지요. 한편으로는 적극적으로 구체제로의 회귀를 계획한 끝에 1791년 왕이 가족과 함께 궁을 탈출하는 바렌 사건이 터집니다. 왕은 자신을 따르는 부이예 장군이 주둔하던 곳에 가서 왕비의 친정인 오스트리아의 군대를 이끌고 파리에 돌아와 권력을 잡으려 했지요. 그러나 국경을 넘기 직전 쫓아온 국민방위군에게 붙잡혀 파리로 돌아오게 됩니다.

왕의 행동은 의회와 민중들의 반감을 사기에 충분했을 것 같아요. 이제 왕이 처형당할 일만 남은 건가요?

왕이 파리 시민들을 버리고 도망가는 것도 모자라 외국에서 군대를 이끌고 와서 반혁명 전쟁을 일으켜 과거로 회귀할 것을 계획했으니 시민들은 매우 분개했고 왕실의 권위는 땅에 떨어졌겠죠. 그러나 의회가, 왕은 탈주한 것이 아니라 납치당한 것이라며 무죄를 주장했기 때문에 바로 처형당하지는 않았어요. 당장의 처형은 면했지만 그래도 바렌 사건으로 조금이나마 남아 있던 왕실에 대한 국민의 신뢰는 금이 가 버렸고 왕정을 폐지하자는 주장이 힘을 얻었지요.

결국 바스티유 감옥 함락 이후 꼭 2년 뒤인 1791년 7월 14일, 루이 16세를 왕좌에서 끌어내리는 문제를 국민이 결정하자는 청원서가 의회에 제출되었으나, 의회는 "왕은 신성한 존재이며 어떤 재판의 대상도 될 수 없다"며 청원을 기각합니다. 이에 실망한 파리 시민들은 사흘 뒤 공화정을 요구하는 청원운동과 시위에 나섰지요. 의회는 계엄령을 선포했고, 국민방위군은 해산 권고도 없이 시위대를 향해 총을 쐈어요. '샹 드 마르스 사건'이라고 불리는 이 사건에서 적어도 50명이 죽고 수백 명이 다쳤습니다. 진보적 정치세력에 대한 가혹한 탄압이 뒤를 이어서 수많은 인사가 체포되었으며 급진적 색채의 신문들이 폐간되었다고 합니다.

국민방위군은 혁명 이후에 생긴 군대잖아요? 그런데 왜 시민들에게 총을 겨누었나요?

당시 의회를 주도했던 세력은 이제 혁명은 끝났고 군주제와 재산권을 침해하는 것이 허용되어서는 안 된다고 확신했지요. 국민방위군의 사령관이던 라파예트는 삼부회에서 제2신분이었음에도 제3신분을 지지했고, 인권선언의 초안자로서 민중의 지지와 명성이 드높았지만 왕정을 포기하지 못한다는 한계도 있었지요. 이렇게 급진적으로 달려가는 혁명의 물결에 소극적으로 임했기에 라파예트는 급격히 인기를 잃었고 1792년 8월 이후에는 오스트리아로 망명할 수밖에 없었지요. 샹 드 마르스 사건은 왕을 지지하는 세력과 공화정을 지지하는 세력

간의 갈등이 얼마나 심각했는지를 보여 주는 사건이었습니다. 의회 내에서도 갈등이 심각했고 헌법의 최종안에 대한 논쟁이 거듭되어요. 특히 재산을 어느 정도 가진 사람들에게만 선거권을 부여해야 한다는 주장과 그에 반대하는 주장이 첨예하게 대립하였습니다. 결국 투표권은 25세 이상의 성인 남성으로 직접세를 납부할 수 있는 능동시민에게만 주어졌어요. 능동시민과 수동시민이란 용어는 시에예스 신부가 만들었습니다. 능동시민은 사흘치 임금에 상당하는 세금(직접세)을 납부하는 사람들로서 선거인을 지명할 권리 등이 있다고 본 반면, 수동시민은 소유권이 없고 세금을 낼 능력도 없어서 자신들의 자유를 지킬 권리는 있지만 선거권 등 공권력의 형성에 적극적으로 참가할 권리는 없었습니다. 당시 프랑스 인구 2800만 명 가운데 능동시민은 430만 명에 지나지 않았다고 해요.

인권선언에서는 모든 사람이 자유롭고 평등하게 태어났다고 해 놓고 선거권에서 제한을 두는 건 이상하네요.

그렇지요? 더구나 의회의원 선거는 능동시민들이 우선 선거인을 선출하고 선출된 선거인이 의원을 선출하는 간접선거 방식으로 이루어졌는데, 선거인이 되려면 열홀치 임금에 상당하는 직접세를 납부할 수 있어야 해서 의회의원 선거를 치를 수 있는 능동시민은 전체 능동시민의 3분의 1 정도에 불과했다고 하지요. 국민방위군 역시 능동시민만이 구성원이 될 수 있었어요. 이게 과연 통과될까 의문이 생기지 않나요? 그런데 놀랍게도 1791년 9월에는 프랑스 최초의 헌법인 1791년의 헌법이 의결되었고, 왕도 성실하게 준수하겠다며 서약한 뒤 제헌의회가 해산됩니다.

바스티유 감옥의 함락으로 혁명이 대부분 끝났고 정치적인 문제만 남아 있을 것이라고 생각했는데 그날로부터 헌법의 제정까지 무려 2년 가까이 걸렸군요.

그랬지요. 정말 혼란의 연속이었습니다. 그런데 그렇게 최초의 헌법이 의결되었음에도 선거권은 제한적으로 인정되는 등 미완의 법이어서 로베스피에르는 제헌의회의 마지막 발언에서 모든 시민에게 참정권이 주어져야 한다며 '혁명은 아직 끝나지 않았다'고 말했지요. 시위대에 의해 베르사유 궁전에서 파리로 끌려오고 바렌 사건으로 왕실의 권위는 땅에 떨어졌지만 왕과 왕비는 아직 굳건히 자리를 지키고 있었으니까요.

그러는 동안 1791년 10월 개원한 입법의회는 도시민 가운데도 일정 수준 이상의 경제력을 갖춘 평민을 뜻하는 부르주아가 주류를 이루었습니다. 지롱드 지방 출신의 부르주아들이 많다고 해서 나중에 역사학자들이 지롱드파라고 이름을 붙인 사람들이지요. 그들은 특권계급과도 가깝지 않으면서 많은 재산을 소유하고 있으므로 수동시민들과도 재산적 이해관계가 달랐다는 독특한 위치에 있었어요.

> 루이 16세가 외국 군대의 힘을 빌리려고 했는데, 실제로도 전쟁의 위협은 계속되었나요?

바렌 사건 이후 오스트리아 황제와 프로이센 왕은 루이 16세가 위협당한다면 유럽 여러 나라가 힘을 합쳐 프랑스와 전쟁을 하겠다고 선언한 상태였어요. 그러나 로베스피에르나 장 폴 마라 등 급진파는 왕이 전쟁을 이용해서 혁명을 이끈 세력을 분열시키고 권력을 되찾으려 한다는 점을 깨닫고 전쟁에 반대했지요.

반대로 왕정을 유지하는 데 원칙적으로 뜻을 같이하는 지롱드파나 특권계급들은 전쟁을 통해 정권을 다시 잡을 수 있으리라는 기대감에 왕과 같이 전쟁을 바라는 입장이었어요. 결국 1792년 4월, 의회는 오스트리아를 상대로 전쟁을 선포했습니다. 그러나 첫 번째 전투에서부터 장군들은 병사들을 믿지 못해서 퇴각 명령을 내렸고, 배반당했다고 생각한 병사들은 지휘관이 적과 내통했다면서 상관을 살해하여 제대로 싸워 보지도 못하고 패배하게 되지요. 결국 개전 후 한 달 만인 5월, 프랑스군 지휘관들은 왕에게 즉각 오스트리아와 화친하자고 진언합니다.

국가 위기 속에서 시민들은 어떻게 행동했나요?

　　연이은 패전, 믿음직스럽지 못한 장군들의 태도, 정권을 잡기 위해 외국과의 전쟁에 찬성하는 왕당파와 왕의 결탁 등은 시민을 혁명으로 인도했습니다. 헌법을 제정하기로 한 죄드폼의 맹세 이후 꼭 3년, 그리고 왕이 가족들을 데리고 도주했던 바렌 사건 이후 정확히 1년 뒤인 1792년 6월 20일, 오전부터 바스티유에 모인 파리 시민들은 인권선언을 든 채 대포를 끌고 질서정연하게 행진했습니다. 손에는 무기와 낫 같은 걸 들고 있기도 했지요. 그들은 의회 회의장에 들어서서 압제에 대한 저항권을 규정한 인권선언 제2조에 기초한 청원서를 읽고 회의장을 한 바퀴 돌고 나간 다음 궁전으로 향했습니다.

그들은 궁을 지키는 병사들과 대치했지만 결국 궁을 지키는 병사들이 물러섰고 8000여 명의 군중이 궁으로 들어갔지요. 시위대가 도끼로 문을 부수는 등 상황이 심상치 않게 돌아가자 왕이 문을 열어 줘 그들은 왕과 대면합니다. 왕은 그들로부터 혁명의 상징인 붉은 모자를 건네받아 머리에 쓰기도 하고 그들이 내미는 포도주를 받아 마시기도 했지만, 시위대와 왕과의 진지한 이야기는 오갈 수 없는 분위기였지요.

사실 이날 왕도 시위대도 충돌을 우려했으나 시민들이 질서를 유지하면서 궁전을 한 바퀴 돌고 난 다음 궁전을 나서는 정도에서 시위를 그쳐 충돌만은 간신히 면할 수 있었지요. 그러나 왕은 시위대가 요구한 법령의 재가와 해임한 각료들의 재임용 요구는 받아들이지 않아서 결국 평화적인 시위는 실패로 돌아갔습니다. 그러자 왕을 옹호하는 쪽에서는 시위대를 적극적으로 진압하지 않았다며 파리 시장과 시 정부를 비난하였고, 왕이 모욕당한 것은 국민이 모욕당한 것이나 마찬가지라며 내전을 부추기는 발언을 멈추지 않았지요.

패전을 거듭하는데도, 왕의 권위는 그대로 유지되고 있었나 봅니다.

당시의 집권 세력이던 지롱드파는 전쟁에서 패해도 재집권에는 왕의 도움이 필요하다고 생각했지요. 그러나 왕도 지롱드파의 요구에 그냥 따르지는 않고 시간을 질질 끌기만 할 뿐이어서 아무런 성과를 내지는 못하고 있었어요. 여기에는 오스트리아-프로이센 연합군이 프랑스군과의 전쟁에서 승리를 거두면 왕 자신도 이전의 입지를 회복할 수 있을 것이라는 계산이 깔려 있었죠. 이런 분위기 속에서 오스트리아-프로이센 연합군을 지휘하는 브라운슈바이크 공이 만일 루이 16세가 사소한 모욕이라도 당하면 파리를 완전히 파괴해 버리겠다고 선언했다는 것이 알려지자 민심은 더욱 흉흉해집니다.

그러나 한편으로는 계속되는 전쟁의 위협에 맞서 전국에서 의용군이 파리로 집결하고 있었어요. 이때 파리에서 600킬로미터 떨어진 마르세유에서 온 의용군들이 행진하며 부른 노래가 현재 프랑스의 국가인 〈라 마르세예즈〉이지요. 즉시 국가(國歌)로 지정된 것은 아니고 제3공화국이 된 이후에 국가로 지정됩니다. 결국 7월에는 로베스피에르가 왕과 입법의회의 합작을 비난하면서 의회를 즉각 해산하고 헌법의 개정을 위한 '국민공회'를 구성하자고 제안했고, 의회에는 매일같이 왕을 폐위하라는 청원이 쏟아집니다. 파리시에는 48개 구가 있었는데 그중 47개 구가 폐위를 의결했고, 급기야 8월 3일 파리 시장 페티옹이 의회에서 파리의 구(區) 이름으로 왕의 폐위를 요구합니다. 그중 캥즈뱅구는 의회에 8월 9일까지라는 구체적인 시한을 제시하면서 왕의 폐위를 요구하기도 했지요. 그러나 의회는 아무런 결정도 하지 않았습니다.

의회와 궁 사이, 시민과 궁 수비대 및 국민방위군 사이의 긴장 관계가 지속되던 가운데 8월 9일 자정이 되자 무장한 시민과 국민방위군이 궁과 의회로 향하였고 궁 수비대와 밤새 대치했습니다. 아침이 되자 왕이 가족을 데리고 입법의회로 피신했고, 비어 있던 궁전에서 수비대와 의용군 사이에 총격전이 벌어져 수비대 병사 600명, 시위대 측 병사 300명, 민간인 3000명 이상이 사망하는 사건이 벌어집니다. 그러자 의회는 왕의 권한을 정지하고 왕과 가족을 뤽상부르 궁전에 연금시키고 왕이 없는 동안 내각을 임명할 권한을 의회가 가진다는 의결을 한 다음 새

내각을 발표하였습니다. 그리고 로베스피에르가 요구한 것처럼 보통선거제에 의한 국민공회를 구성하기로 했습니다.

공화정의 탄생

　　1792년 8월 10일에 일어난 혁명을 제2의 프랑스 혁명이라고 보기도 합니다. 이날을 기준으로 혁명의 성격이 완전히 달라졌거든요. 의회는 왕을 폐위시키지는 않았지만 왕권을 정지하고 보통선거에 의한 국민공회 소집안을 통과시켰지요. 이후 매우 급진적으로 혁명이 전개됩니다. 결국, 1792년 9월 20일 국민공회가 소집됐고 다음 날 만장일치로 왕정 폐지를 선언해서 드디어 프랑스의 제1공화국이 시작되었습니다.

　　왕이 폐위되고 공화정이 되었기 때문에 혁명의 성격이 바뀌었다고 하는 건가요?

　　형식적으로는 그렇다고 볼 수도 있지만, 내용적으로는 그렇지 않습니다. 이전까지는 부르주아와 자유 귀족들의 보이지 않는 동맹이 혁명을 이끌었다면 이제부터는 부르주아와 나머지 민중들의 동맹이 혁명을 이끌어 갔기 때문입니다. 능동시민과 수동시민의 구별도 폐지되어 성인 남성을 대상으로 하는 보통

선거로 국민공회를 구성하는 선거가 치러졌지요. 로베스피에르는 1위로 당선되었고 그의 지지자들은 국민공회 의원으로 선출되었어요. 게다가 제1공화정이 수립된 날과 같은 날인 9월 20일, 프랑스군은 오스트리아-프로이센 연합군과의 전투에서 승리를 거두어 패전에 패전을 거듭해 불리하던 전황도 바뀌면서 한숨 돌릴 만한 여유가 생기기 시작합니다.

폐위된 왕은 어떻게 되었나요? 외국과 내통하고 군대를 끌어들이려 했으니 곱게 넘어가지는 못했겠네요?

맞아요. 1792년 12월 처음으로 루이 16세에 대한 재판이 열렸고 국민공회가 사형 판결을 내립니다. 그리고 판결 나흘 만인 1793년 1월 21일, 루이 16세는 단두대에서 처형됩니다. 왕비인 마리 앙투아네트 역시 같은 해 10월 처형됐어요. 왕정을 폐지시킨 후 혁명은 더욱 빨리 진행되었지요. 1793년 6월에는 1791년의 헌법을 대신할 공화국 제1년의 헌법이 제정되었어요. 내용을 살펴봅시다. 먼저 재산에 따라 선거권을 부여하던 것을 성인 남성의 직접 보통선거로 바꾸고, 각 지구마다 구성되는 선거민 집회인이 모인 1차 의회들이 입법부·행정부·사법부를 구성할 때 참여하도록 하여 직접민주주의적 요소를 강화하였지요. 또 자유, 평등, 안전, 청원권, 저항권, 노동권, 생존권, 교육권을 선언하고 시민의 경제적 자유를 인정하기도 했어요.

그러나 헌법은 정확한 시행일을 정해 놓은 게 아니라 평화가 회복될 때까지라는 애매한 기일을 달아 놓아서 바로 시행되지는 못했지요. 게다가 1794년 7월에는 로베스피에르와 그를 지지하는 22명이 체포되어 처형되면서 시행될 기회를 영영 얻지 못했습니다. 1795년 10월에는 국민공회가 해산되고 11월에는 총재정부가 수립되었으나, 1799년 11월 나폴레옹의 쿠데타로 결국 프랑스 제1공화국은 역사에서 사라지게 되었지요.

로베스피에르라고 하면 공포정치가 떠오르는데 그건 언제부터 시작되었지요?

왕의 권한이 정지되고 국민공회가 아직 소집되기 전인 1792년 9월 2일부터 6일까지 왕당파가 감옥을 부수고 귀족이나 성직자 등을 빼내려 한다는 소문을 들은 민중들은 파리의 감옥을 직접 돌아다니면서 학살을 자행했어요. 감옥에 침입해 갇혀 있던 사람들을 몰살시킨 거지요. 반혁명파뿐 아니라 단순한 좀도둑까지 직접 죽이기도 했어요. 이때 1400명 가까운 사람들이 희생됐다고 하는데 이때부터 공포정치가 시작되었다고 할 수 있겠네요. 이후 프랑스에서는 내부적으로는 지롱드파와 로베스피에르가 이끄는 산악파의 갈등, 외부적으로는 프랑스군과 프랑스에 반대하는 반혁명 동맹군들과의 전쟁 등이 지속되는 등 혼란이 극에 달합니다.

1793년 9월에는 빵을 요구하는 시위가 일어나면서 시위자들은 국민공회를 포위하고 의사당에 진입하여 혁명군 창설, 반혁명 혐의자 단속에 관한 법률 제정, 최고가격제의 전반적인 실시 등을 요구했어요. 국민공회가 이에 굴복하자 이때부터 합법적인 공포정치가 시작되었지요. 혁명에 반대하는 혐의가 조금이라도 있는 자는 체포할 수 있다는 반혁명혐의자법을 통해 대규모 숙청작업이 전개되었고 이후 사형을 선고받은 사람만 1만 6000여 명에 달했다고 합니다. 국민공회 안에 설치된 공안위원회가 국민공회에 제시할 중요정책을 정하고 공안위원회의 추천을 받아 국민공회가 임명한 집행위원회는 공포정치와 통제경제를 강력하게 실시했어요.

왕이나 특권계급에 분개하여 혁명을 일으켰는데 그들과 똑같이 공포정치를 하는 건 좀 이해할 수가 없네요.

그렇지요. 몇몇 사례를 살펴볼까요? 로베스피에르의 공포정치하에서 목숨을 잃은 사람 중에는 근대 화학의 아버지라고 불리는 유명한 화학자 라부아지에도 있었다고 해요. 당시 사람들에게 원망을 많이 사던 세금징수관으로 일했던 경력이 문제 되어서 1794년 5월 처형되었다고 하지요. 세금징수관은 국가를 대신해서 각종 간접세를 받아내는 일을 했는데 지나치게 가혹한 징수 과정 때문에 민중에게 많은 비난을 받아 오다가 혁명이 일어난 후 직책이 폐지되었지요. 라부아지에가 중요한 실험을 하고 있으니 처형을 2주만 늦춰 달라고 요청했지만 받아들여지지 않았다는 얘기도 있어요. 훗날 라듐을 발견하여 노벨상을 받은 퀴리 부인을 포함한 후대의 과학자들은 라부아지에의 죽음을 애석하게 여겼다고 해요.

그런데 프랑스 혁명보다 조금 앞선 미국의 독립선언을 이끌어 내는 데 결정적인 역할을 한 토마스 페인은 프랑스에서 처형될 위기를 간신히 넘겼다고 합니다. 페인은 당시 라파예트의 초대를 받아 파리에 갔다가 혁명의 순간을 목격하게 되었지요. 1791년에는 프랑스 혁명을 옹호하는 책《인권》을 런던에서 출판하기도 했어요. 그러나 그 책은 영국에서 판매가 금지되고 페인에게도 반역죄 혐의로 체포령이 내려지자, 페인은 도버해협을 건너서 프랑스로 왔고 국민공회의 대표로 선출됩니다. 페인은 프랑스 인권선언과 헌법의 초안을 잡는 일을 맡기도 했으나 루이 16세의 운명을 결정하는 국민공회에서는 왕의 처형에 반대하는 입장에 섰지요. 당시 국민공회에서는 왕을 재판할 수 있는지, 재판한다면 국민공회에서 해야 하는지 일반 법원에서 해야 하는지 논쟁이 벌어지고 있었어요. 페인은 왕을 인민의 법정, 즉 국민공회가 아닌 독립된 사법부, 즉 법원에서 재판하자고 주장했고 만약 유죄라면 미국으로 추방하는 식으로 방면하자고 했지요.

그러나 페인의 주장은 받아들여지지 않았고 아시다시피 루이 16세는 국민공회 의원들의 표결에 따라 처형되었지요. 그 후 페인은 1793년 반역죄로 체포되어서 뤽상부르 감옥에 갇히게 되었어요. 1794년 7월 페인의 사형 집행을 표시하는 숫자가 페인이 갇혀 있던 독방 문에 기재되었는데 이 표시가 문 밖이 아니라 안쪽에 기재되어서 문이 닫힌 후에는 밖에서 표시를 볼 수 없게 되었다고 해요. 이런 착오 덕분에 페인은 다행히 사형을 면할 수 있었다고 합니다. 사흘 뒤 로베스피에르가 몰락하고 처형되자 페인은 바로 석방되어 국민공회로 복귀한 뒤 보통선거를 다시 제한적인 선거로 되돌리려는 의견에 반대하는 등 적극적으로 활동했다고 합니다.

옳다고 믿는 것을 실현하는 데는 국적이나 지위가 따로 없었네요.

그랬지요. 그리고 처형된 지롱드당원 중에는 최초의 페미니스트라고 불리는 올랭프 드 구즈가 있었어요. 앞에서 언급했듯이 1789년 10월 여성 시위대 6000명은 베르사유 궁전으로 가서 왕과 가족을 파리로 데려오는 데 큰 역할을 했지만, 이후의 프랑스 혁명의 전개나 인권선언은 어디까지나 여성을 배제하고 남성 위주로만 진행되고 있었지요. 올랭프 드 구즈는 인권선언이 남성명사(l'homme)로 되어 있으므로 '남성과 남자시민의 권리선언'이라고 비판하고 별도로 '여성과 여자시민의 권리선언'을 씁니다. 이 선언의 제10조는 "여자에게도 단두대에 오를 권리가 있으니 마찬가지로 여자들도 연단에 오를 수 있는 권리를 가져야 한다"는 유명한 내용입니다. 그러나 지롱드당원이었던 그녀는 왕정의 복구를 시도했다는 등의 죄목으로 1793년 11월 3일 처형당했지요. 프랑스에서 여성에게 처음으로 투표권이 주어진 날은 150년이라는 세월이 지난 1945년 4월 29일이었으니 정말로 시대를 앞서갔던 여성이라 할 수 있지요.

결국 단두대에 오를 권리만 대등하게 누린 거군요.
그런 셈이지요. 더욱이 로베스피에르도 단두대를 피하지 못합니다. 시민들은 로베스피에르의 공포정치에 대한 두려움을 가졌고 이에 따라 불만도 커져 가는 등 피로가 점점 쌓이게 됩니다. 그런데 1794년 7월 24일 로베스피에르는 국민공회에서 반대파를 공격하고 공포정치가 과격하게 행해진 책임을 다른 정치가들에게 돌리는데, 누가 그랬는지 구체적인 이름을 밝히지는 않습니다. 그러자 의원들은 각자 자신이 위협받고 있다고 느끼게 되었지요. 결국 다음 날 열린 의회에서 로베스피에르와 그들을 지지하던 의원들에 대한 체포령이 전격적으로 통과되었고 7월 27일에 체포된 그들은 다음 날인 28일 재판도 없이 단두대에서 처형당했어요.

로베스피에르는 전혀 손을 써 보지도 못한 건가요?

처음에는 로베스피에르를 보호하려던 국민방위군과 국민공회군이 대립했다고 해요. 그러나 저항하면 범법자로 체포할 것이라는 국민공회군의 엄포에 겁먹은 국민방위군이 도주해서 로베스피에르 측이 쉽게 체포되었다고 합니다. 이 사건을 '테르미도르의 반동'이라고 부르지요. 로베스피에르파가 다른 일파들과의 정쟁에서 안이하게 대응하여 실패한 것이라고 합니다.

로베스피에르를 빼놓고 프랑스 혁명을 이야기할 수 없을 것 같은데 어떤 사람이었나요?

당시 국민공회는 입헌왕정을 주장하는 미라보, 라파예트, 시에예스 등으로 대표되는 푀양파, 국민공회의 좌파로서 로베스피에르, 생 쥐스트, 당통, 마라 등으로 대표되는 자코뱅파, 국민공회의 우파로서 브리소, 빌뇌브 등으로 대표되는 지롱드파 등으로 나뉘어 있었어요. 로베스피에르는 혁명을 피로 물들인 강경파라고 알려진 것과는 달리 자코뱅파 중에서는 중도파에 속했고, 당통은 보수파, 마라는 급진파에 속했지요. 로베스피에르의 아버지는 변호사였고 로베스피에르 자신도 파리의 명문학교를 졸업한 변호사였어요. 루이 16세 부부가 학교를 방문했을 때 학생 대표로서 국왕에게 바치는 축사를 읽었다는 이야기도 있지요. 로베스피에르는 공부를 마치고 고향에 돌아가 성실하게 일했을 뿐, 1789년 4월 제3신분 대표로 선출되기 전에는 혁명이나 정치에 관심을 두지 않았습니다. 목소리도 작아 혁명 초기에는 의회 연설에서 그리 주목받지도 못했다고 하지요.

그러다 의회가 베르사유에서 파리로 옮겨 온 후 진보 성향이 강한 브르타뉴 출신 의원들과 자주 만나다가 자코뱅 수도원 건물에 자코뱅 클럽이라는 모임을 만들어 정치토론을 이어 갔어요. 이 모임이 시민들에게 개방되면서 알려지기 시작했고 자코뱅 클럽의 회원이 늘면서 영향력도 커지자 로베스피에르는 마침내 의회의 의장으로 선출되기에 이르렀어요. 그리고 1792년 8월 제2의 혁명 이후 정치의 전면에 나서게 됩니다. 국민공회를 구성하는 선거에서 1위로 당선되었고 그의 지지자들은 749석 중 200석을 차지하였지요. 그들은 의회장의 높은 곳에 자리 잡았다고 해서 산악파라고 불렸어요. 이에 반해 지롱드파는 160석 정도를 차지했고, 나머지 400여 석을 차지한 의원들은 의회장의 낮은 곳에 모여 있어서 평원파라고 불렸어요. 이후 로베스피에르를 비롯한 산악파 의원들이 중심이 되어 왕을 재판에 회부하였지요. 왕에게는 707 대 0으로 유죄 판결이 내려지고 387 대 334로 사형이 선고되었습니다. 26명의 의원들은 집행유예를 조건으로 사형에 찬성했지만 집행유예안은 결국 380 대 310으로 부결되었습니다.

어찌 됐든 1793년 1월 21일 루이 16세는 단두대에서 처형됐고 이후 로베스피에르의 주장에 따라 공포정치에 관한 법률들이 제정되어 합법적인 폭력이 자행되었습니다. 로베스피에르는 자코뱅파 내부의 급진파와 대립하면서 급진적인 조치들을 피하려 애썼다고는 하지만 그를 두려워한 내부세력의 반발로 죽음을 피할 수는 없었지요. 그리고 그를 죽임으로써 공포정치에 대한 모든 책임을 그에게 뒤집어씌울 수 있게 된 겁니다.

헌법의 과도기

그 후로도 공포정치는 계속되었으나 사회는 급속하게 혼란에 빠져들었어요. 결국 1795년 새 헌법을 만들었고 1793년의 헌법은 폐지되었습니다. 1795년의 헌법은 의회에 상원과 하원을 두는 양원제를 도입했고, 보통선거는 폐지되었으며, 5명의 총재로 정부를 구성하기로 했지요. 이 헌법에 따라 구성된 정부를 총재정부라고 부릅니다. 하지만 이렇게 구성된 총재정부도 1799년 11월 시에예스와 나폴레옹이 손을 잡고 일으킨 브뤼메르 18일의 쿠데타로 막을 내렸지요. 프랑스 제1 공화정은 역사의 현장에서 사라졌고 혁명이 지향했던 자유와 평등의 공화국이 다시 프랑스에 들어서는 데까지 오랜 시간이 필요했지요. 빅토르 위고가 장 발장을 통해서 보여 준 시대도 더 지나서 말입니다.

프랑스 혁명에서는 '루이 16세나 특권계급이 다른 선택을 했더라면' 하는 순간이 여러 차례 있네요.

지나고 나서 보면 그렇게 평가되지만 막상 현장에서 미래를 내다보고 상황에 맞는 올바른 선택을 한다는 것은 쉬운 일이 아니겠지요. 로베스피에르가 이상주의자로서 혁명을 이끌었지만 유혈폭력을 막을 수 없었고 자신도 결국 희생자가 된 것을 봐도 알 수 있지요. 프랑스 혁명이 왜 영국의 명예혁명과는 다르게 폭력적으로 흘러갈 수밖에 없었는지에 대해서는 지금까지도 여러 분석이 있습니다. 특히 왕을 단두대에서 처형한 이후에 일어난 일들을 지적하면서 혁명에 대한 실망과 공포를 말하는 사람들이 많지요. 때문에 프랑스 혁명 200주년을 맞은 1989년 프랑스에서도 그렇게 많은 피를 흘린 것을 두고 축하할 수 있겠느냐는 여론이 있었고 기념식에서는 인권선언만을 기리자는 얘기까지 나왔다고 합니다.

지금에 와서 보자면 당시 혁명은 이해관계를 달리하는 여러 신분이 제각기 다른 생각과 목적을 가지고 사회의 변화를 저지하거나 일으키려 했던 것이어서 충돌은 불가피하였고 과격성도 어느 정도 예상되었던 것이라고 볼 수 있어요. 명예혁명을 일으킨 영국 사회와는 정치나 경제적인 측면에서 많이 달랐던 거지요.

프랑스혁명을 배경으로 한 소설을 추천해 주실 수 있나요?

찰스 디킨스의 《두 도시 이야기》를 추천하고 싶군요. 당시의 런던과 파리를 대조하면서 프랑스 혁명의 폭력성도 잘 보여 주고 있는 소설이지요.《크리스마스 캐럴》과《올리버 트위스트》를 쓴 디킨스가 이 책을 펴낸 것은 1859년이니 바스티유 함락 이후 70년 뒤의 일이지만 시대적 묘사는 비교적 정확하다고 할 수 있어요. 다만 디킨스는 프랑스 혁명의 폭력성만을 부각시켰던 당시의 보수적인 견해와는 결을 좀 달리하고 있어요. 농민과 변두리 시민들을 폭력으로 치달을 수밖에 없게 한 구체제의 특권계급이 얼마나 사악했는지를 보여 주고 그에 대한 무자비한 복수를 나란히 대비시키고 있거든요.

《두 도시 이야기》는 중립적인 시선에서 혁명과 민중을 바라봤다고 할 수 있겠네요?

그렇습니다. 소설은 바스티유 감옥 함락이 있기 13년 전인 1776년, 북탑 105호의 죄수였다가 석방된 마네트 박사의 이야기에서 시작하여 1789년 7월의 바스티유 감옥 함락과 농촌 지역에 불었던 대(大)공포를 거쳐 1792년의 파리 대학살을 보여 줍니다. 이어서 로베스피에르가 여전히 활약 중이던 1793년 12월 말의 혁명재판소의 재판과 단두대의 처형 장면까지 17년간의 이야기를 다루고 있지요.

바스티유 감옥 함락 당시의 모습도 나오겠네요?

소설의 중간쯤, 바스티유 감옥이 있던 생탕투안 지역의 시민들이 소설의 주요 등장인물인 드파르주의 지휘에 따라 무기를 건네받고 바스티유 감옥으로 돌격하는 장면이 나옵니다. 깊은 배수로와 도개교 하나, 거대한 석벽, 여덟 개의 거탑은 네 시간 가까운 전투 끝에 함락되어 백기가 올라가지요. 드파르주는 간수 한 명을 붙들어 북탑 105호로 안내하도록 하였고 그곳에서 마네트 박사가 18년간 바스티유 감옥에 갇히게 된 비밀과 특권계급의 만행을 기록한 서류를 찾아냅니다.

단두대 처형 장면도 나오나요?

소설의 마지막 부분에서는 처형 장면을 상세히 묘사하고 있어요. 하루에 여섯 번씩 호송마차가 단두대에 죄수들을 실어 나르고, 호송마차에서 죄수들이 내리면 집행인들은 계속해서 단두대로 형을 집행합니다. 첫 번째 호송마차가 비면 두 번째 호송마차가 당도하고 기계는 쉴 새 없이 크르릉 소리를 내며 오르내리는데, 처형이 모두 끝나면 처형장을 둘러쌌던 군중들이 일순간에 빠져나갑니다. 주요 등장인물 중의 하나인 죄수 아닌 죄수가 처형을 앞두고 이렇게 독백합니다. "나는 알고 있다. 옛 체제가 붕괴된 후 생겨난 기나긴 대열의 새 압제자들이 결국 이 보복적인 도구에 의해 멸망하리라는 것을. 이 깊은 구렁텅이에서 솟아난 아름다운 도시와 현명한 사람들이 시간이 걸릴지언정 진정한 자유를 위해 투쟁하고 승리와 패배를 겪음으로써, 현재의 악행과 그것을 잉태한 예전의 악행이 스스로 속죄하고 사라지리라는 것을…." 혁명의 옳고 그름을 떠나 혁명이 낳은 폭력과 이별을 고하고 싶은 작가의 심정을 대변한다고 할 수 있겠지요.

3장

미국 독립선언문 한 벽에 실물로 새겨져 있다. '버몬트주에서 살붙이다

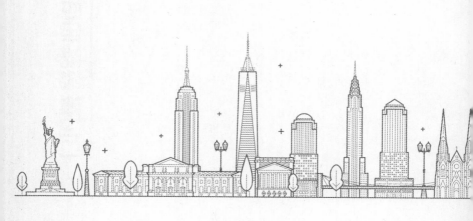

영국의 미국 점령과 포카혼타스

　　1492년, 세 척의 배를 이끌고 스페인을 떠난 콜럼버스에 의해 아메리카 대륙이 유럽에 알려집니다. 처음 이곳은 서인도제도로 명명된 것처럼 아시아의 일부로 알려졌지만 1499년 중남미 지역을 탐험하고 《신세계》라는 책을 냈던 아메리고 베스푸치에 의해 아시아가 아닌 새로운 대륙으로 밝혀진 다음부터는 그의 이름을 따 아메리카라고 불립니다. 이때부터 아메리카에 대한 서양 열강들의 군사적 지배가 시작되었지요. 아시다시피 아메리카에는 이전부터 살던 원주민들이 있었으나 그들은 총을 든 유럽인들과 맞서 싸우다가 노예가 되기도 했고, 유럽인이 퍼뜨린 전염병에 걸려 몰살당하기도 했습니다.

지리적으로 보면 스페인과 포르투갈이 주로 중남미 지역에 식민지를 건설했던 반면, 미국과 캐나다 지역에는 프랑스와 영국이 들어왔지요. 프랑스는 지금의 미국과 캐나다 국경 지역에서 북쪽 퀘벡 지역으로 영토를 넓혀 갔고 또 남부의 미시시피강 어귀의 뉴올리언스를 중심으로 식민지를 건설했습니다.

영국은 엘리자베스 여왕 시절부터 적극적으로 이민을 시도했지요. 현재의 미국 노스캐롤라이나주 해안가에 상륙한 뒤 그 지역에 여왕을 찬양하는 뜻으로 '버지니아'라는 이름을 붙이는 등 본격적으로 식민지를 건설하려 했습니다. 또 1607년에는 배 세 척이 선원 140여 명을 싣고 버지니아 북쪽에 상륙해서 식민지를 세웠고, 그곳은 당시 영국 왕이었던 제임스 1세의 이름을 따서 제임스타운이라고 불리게 되었지요. 그러나 가난과 질병, 그리고 쥐떼의 습격에 식량까지 모자라 많은 사람이 목숨을 잃었고 원주민과의 관계도 악화되어 식민지 정책은 실패로 돌아갈 뻔했다고 합니다. 그러다가 존 롤프라는 사람이 제임스타운의 강변에서 담배를 경작하는 데 성공했고 그것을 영국에 수출하면서 경제적인 안정을 이루지요. 여기서 포카혼타스라는 인물이 등장합니다.

포카혼타스가 실존 인물인가요? 애니메이션에서 보았는데요.

원주민의 딸로 나오는 포카혼타스가 실존 인물이긴 합니다. 애니메이션에서는 포카혼타스가 존 스미스 선장을 보자마자 사랑에 빠지고 그를 구해 내는 모습을 그렸습니다만 그것은 존 스미스의 자서전에 쓰인 본인의 주장에 불과합니다. 실제 역사를 살펴보면 존 스미스가 원주민에게 생포될 때 포카혼타스는 열두 살에 불과했기 때문이지요. 존 바스라는 미국 작가의 소설 《연초도매상》은 이 지역이 영국의 식민지가 되는 모습을 배경으로 하는데, 여기서는 작가가 존 스미스의 주장을 뒤엎고 포카혼타스와의 만남을 작가의 상상력으로 교묘히 패러디해 웃음을 줍니다.

포카혼타스는 나중에 몸값을 노린 자들에게 납치당하여 백인들과 살게 되었다고 합니다. 잡혀 있는 동안 기독교로 개종해서 레베카라는 세례명도 얻었고요. 이후 존 롤프와 결혼하여 아이를 낳고 함께 살다가 롤프와 함께 미국 식민지에 대한 투자를 홍보하기 위해 영국으로 보내졌는데, 영국에서는 포카혼타스를 두고 미개인을 문명화한 사례로 널리 소개했다고 합니다. 지금 시각으로는 인종차별적인 내용이 들어 있어 대단히 불쾌하게 생각할 수 있지만 당시 기준으로 보면 왕까지 만나는 기회를 얻었으니 꽤 괜찮은 대우를 받은 셈이죠. 그러나 포카혼타스는 22세가 되던 1617년, 영국에서 버지니아로 돌아오던 배에서 천연두로 사망한 뒤 영국 땅에 묻혔다고 합니다. 포카혼타스 이야기는 미국 건국 초기, 북아메리카 지역에 영국인들이 조금씩 들어와 자리를 잡으며 정착해 가던 모습을 잘 보여 주지요.

보통 미국은 아무도 살지 않은 곳에 유럽인이 건설한 나라라고 생각하기 쉬운데, 원주민의 존재를 잊어서는 안 되겠네요.

그 땅에는 원래부터 살던 사람들이 있었고 초기 이민자들은 원주민의 도움을 받아 목숨을 이어 가기도 했지요. 그러니까 미국 역사를 이야기할 때는 원주민의 이야기부터 시작하는 게 옳습니다.

미국에 진출한 영국인들이 미국을 식민지로 만드는 방법을 알아봅시다. 먼저 왕에게 특허장을 받아 회사를 설립하여 주식을 발행한 뒤 투자자들로부터 투자금을 받아 식민지를 건설합니다. 그리고 식민지를 개척해 수익을 내면 투자금을 갚아 나가는 방식으로 진행됐지요. 1606년, 영국에서는 런던 회사와 플리머스 회사가 설립되었고 런던 회사는 주로 지금의 필라델피아 남쪽 지역을, 플리머스 회사는 버지니아 지역을 개발하도록 되어 있었지요. 그런데 존 스미스가 이끌던 런던 회사는 필라델피아 남쪽 지역 대신 버지니아 쪽에 제임스타운을 건설합니다. 포카혼타스를 둘러싼 이야기가 바로 그때를 배경으로 했지요. 그 이야기만 봐도 이민자들과 원주민 사이에는 어떤 방식이든 왕래가 있었다는 것을 알 수 있습니다.

식민지를 개척한 사람들은 담배 재배를 통해 경제적인 안정을 이룩했습니다. 런던 회사는 회사의 주식을 사는 사람에게 1인당 50에이커의 토지를 제공하는 등 사업을 확대해 나갔지요. 경작할 토지가 늘어나고 담배 수요가 급증하던 1619년에는 모자란 노동력을 보충하기 위해 최초로 아프리카에서 흑인 노예를 미국으로 데려오기에 이릅니다.

이렇게 식민지를 개척한 사람들을 식민지인(colonist)이라고 불렀는데 미국에 정착하는 식민지인들이 늘어나면서 영향력이 강해지자, 런던 회사는 이들의 동의 없이 정부를 세우지 않겠다고 약속합니다. 1618년부터는 각 정착지와 대농장에서 각기 두 명씩 대표를 파견하여 버지니아 하원이 구성되었고 그들은 영국의 의회처럼 식민지 정부에 필요한 법을 제정하기에 이르지요. 그러나 1622년 영국 왕 찰스 1세는 런던 회사의 특허장을 취소하고 회사를 해체시켰고 1624년부터는 버지니아를 국왕의 직할지로 만듭니다.

런던 회사 말고 플리머스 회사는 다른 지역에서 어떻게 정착했나요?

플리머스 회사도 런던 회사처럼 아메리카 대륙에 이주민을 보냈지만 여러 번 실패했죠. 그래도 1620년 9월에는 청교도인 35명과 성공회 교인 67명, 총 102명을 태운 메이플라워호를 미국에 보냅니다. 66일의 긴 항해 끝에 보스턴 근방에 도착한 이주민들은 거점을 세우고 출항했던 항구의 이름을 따서 그곳을 플리머스라고 부릅니다. 도착한 배 위에서 그들은 성인 남자 41명의 이름으로 메이플라워 서약을 맺었는데, 주된 내용은 자주적 식민지 정부를 수립한 뒤 다수결 원칙에 따라 식민지를 운영하고 스스로 만든 규칙에 복종한다는 것입니다. 이것을 미국 최초의 헌법이라고 합니다. 플리머스 박물관에는 지금도 메이플라워호의 항해사들이 배에서 내려 맨 처음 발을 디딘 돌이 전시되어 있습니다.

그러나 그들은 제임스타운의 이주자들처럼 영양실조와 질병과 싸워야 했고 도착한 뒤 첫 번째 겨울을 지내면서 절반이나 사망하는 등 가혹한 현실이 이어졌습니다. 다행히 원주민들의 도움과 영국에서 보내 온 보급품 덕택에 점차 안정을 찾게 됐지요. 사실 그 지역은 영국 왕이 허락한 특허장에 적힌 곳과는 다른 지역이었어요. 또 식민지이긴 하지만 독립을 인정해 달라며 왕에게 요청했지만 거절당합니다. 1629년 청교도들이 영국 왕에게 특허장을 발부받아 매사추세츠만(灣) 회사의 설립과 통치권한을 인정받자 1691년에는 플리머스가 매사추세츠 식민지에 흡수됩니다. 1691년 매사추세츠가 왕령이 되기 전에는 매사추세츠를 중심으로 부근에 차례차례 자치 기구들이 건설되어 독자적인 법을 만들고 행정관리를 뽑는 등 독자적인 자치정부의 형태를 갖춰 갔습니다.

자치운동에서 독립운동으로

영국 정부는 식민지 지배를 강화하기 위하여 식민지의 자치기구들을 통합하는 자치령을 만들어 보려고 했지만 성공하지 못했습니다. 그러나 1651년, 영국 정부는 결국 항해조례를 제정해 설탕, 담배, 염료 등 식민지의 생산품은 영국령 식민지에서만 판매할 수 있도록 했지요. 이에 의하면 미국에서 생산된 담배를 유럽에 직접 팔지 못하고 반드시 영국 중개상을 거쳐야 했기 때문에 식민지인들 입장에서는 손해가 이만저만이 아니었습니다. 식민지인들의 수익을 제한하고 영국 중개상들에게만 유리하도록 만든 조례여서 식민지인들의 불만은 커져 갔지요. 이처럼 식민지의 경제가 급속도로 발전하는 것을 통제하기 위해 영국은 식민지에 대해 여러 조치를 이어 갔고 이에 따라 결국 반란까지 일어납니다.

1691년 영국 정부가 매사추세츠를 왕령으로 바꾼 이후 13개 식민지 중 8개가 차례대로 왕령이 됩니다. 영국에서 식민지에 파견된 지사들(governor)은 식민지의 행정권을 갖고 있었지만 지사가 임명하는 이들로 구성되는 상원과, 지역의 대표들로 구성되는 하원으로 이루어지는 식민지의회는 과세권과 예산지출권을 가지고 있었지요. 때문에 영국 왕이 임명한 지사와 식민지 인을 대표하는 의회 사이에는 갈등이 있을 수밖에 없었습니다. 과세권과 예산지출권 없이 그 지역을 다스리기란 어려웠기 때문이지요. 지사들은 뇌물이나 정치적 거래를 통해 식민지 의회의 유력인사들과 거래하거나 부지사에게 식민지 업무를 맡기고 자신은 영국에 머물러 있기도 했지요. 영국 본토에서는 식민지 재정을 통제하기 위하여 모자법, 제철법 등을 제정하여 식민지의 제조업을 규제했고 지폐발행금지법을 제정하기도 했어요.

모자법은 뭔가요? 제철법이라는 것도 궁금하네요.

　모자법은 말 그대로 모자에 관한 법이지요. 식민지에서 생산된 모자를 식민지 이외의 지역에서는 팔지 못하도록 한 법입니다. 수출금지법과 비슷하다고 할 수 있겠네요. 또 식민지에서는 아프리카에서 흑인들을 데려와 모자란 노동력을 보충하는 게 일반적이었는데 영국 정부는 흑인이 모자를 만드는 것을 금지했어요. 명백히 식민지인들을 억압하는 정책이지요. 이 법이 시행되자 경쟁자가 사라진 영국의 모자 제조업자들은 좀 더 수월하게 미국 이외의 다른 식민지나 유럽 시장을 차지할 수 있게 되었지요. 결국 모자법은 항해조례와 비슷한 것으로 식민지의 경제가 커지는 것을 견제하기 위해 만든 겁니다. 제철법도 제철업이 식민지에서 조금씩 확대되는 것을 막기 위해 더 이상의 공장의 설립을 금지하는 법이었지요. 두 법은 식민지에서의 경제활동을 가로막는 법이었습니다.

또 1689년부터 1763년 사이에 영국과 프랑스는 네 차례에 걸쳐서 식민지 영토 확보를 위한 전쟁을 벌였어요. 이 전쟁에서 승리한 영국은 1763년 파리조약을 체결하여 프랑스로부터 퀘벡 등을 포함한 캐나다 영토 일부와 미시시피강 동쪽 유역을 할양받아 점령합니다. 이로써 영국의 미국 식민지 지배는 더욱 공고해졌지요.

　　　2장에서 언급한, 프랑스가 미국의 독립전쟁을 지원하게 된 이유가 거기에 있었군요.

　　　맞아요. 프랑스는 영국에게 당한 굴욕을 만회하기 위해 미국의 독립전쟁을 지원하게 된 거예요. 그러나 정도가 과했는지 그 지원은 결국 프랑스 정부의 재정파탄을 야기합니다. 그런데 이런 재정파탄이 프랑스만의 문제는 아니었어요. 영국에서도 프랑스와의 전쟁으로 인해 국가 채무가 늘어나 정부 재정이 큰 타격을 받았습니다.

1764년 영국은 설탕법을 만들어서 영국으로 수입되는 당밀 등에 관세를 부과하기 시작했고, 1765년에는 인지세법을 신설하여 미국에서 사용되는 모든 서류, 증권 등에 인지를 의무적으로 첨부하도록 하는 등 세금과 관련된 법을 제정하여 재정악화를 막아 보려 했습니다. 그러자 미국 전역에서 인지세법에 반대하는 운동이 일어났는데, 영국인들에게는 과세하지 않으면서 식민지인들에게만 일률적으로 과세한다는 점이 공평하지 않다는 이유였지요. 각 식민지의 의회들은 식민지인에 대한 과세권은 식민지 의회에게 있다는 논리로 저항했어요. 1765년 매사추세츠 의회에서 13개 식민지 연합회의를 제안하자 그해 10월에 인지세법 대책회의가 열렸습니다. **대표 없는 곳에 과세 없다**는 말이 여기서 나온 거예요. 점점 사태가 심각해지자 영국 정부는 1766년 인지세법을 폐지했지요.

세금을 거두는 방법이 여러 가지였네요. 귀에 걸면 귀걸이, 코에 걸면 코걸이 식으로 말이에요.

사실 미국의 식민지인들은 이때까지만 해도 독립을 생각하지는 않았는데 영국이 점점 더 다양한 방법으로 세금을 매기자 생각이 달라집니다. 1767년에 영국 재무장관 타운센드가 제정한 타운센드법은 식민지가 영국으로부터 수입하는 유리, 종이, 잉크, 페인트, 차 등에 관세를 부과하고 그 수입의 일부로 식민지 총독 및 총독부 관리들의 월급을 지불한다는 내용의 법이었지요. 자신들에게 세금을 거둬 자신들을 못살게 구는 사람들을 먹인다는데 좋아할 사람이 있을까요? 이 법은 당연히 식민지인들의 반발을 샀고 거센 반대운동을 불러일으켰습니다. 결국 1770년에는 영국군이 야유를 퍼붓고 눈덩이를 던지는 시민들에게 총을 쏴서 네 명이 사망하는 보스턴 학살사건이 일어났지요. 이후 타운센드법은 폐지되었으나 그럼에도 영국 의회는 식민지에 대한 과세 권한이 식민지 의회가 아닌 자신들에게 있다는 원칙만은 포기하지 않았어요.

세금을 영국 의회에서 매기느냐 식민지 의회에서 매기느냐가 중요한 문제였군요.

세금을 내는 식민지인들이 영국 의회에 나가서 입법에 관여할 방법이 없었으니까 권리는 주장하지 못하면서 의무만 수행해야 하는 불공정한 현실을 받아들이기 어려웠지요. 그런데도 1773년 5월, 영국 의회는 다시 차(茶)에 대한 세법을 제정해서 동인도회사가 식민지에 독점적으로 차를 팔 수 있게 허용합니다. 이 법은 당시 인도 식민지 개척과 경영에 막대한 비용을 쏟아부어 파산 위기에 몰렸던 동인도회사를 회생시키기

동인도회사의 찻값 매기기 위해 신대륙의 차를 재는 이 장면은 《보스턴 차 사건》을 통해 외국으로 전해졌고 이는 곧 미국 독립 전쟁의 불씨가 되었다. (Nathaniel Currie, 1846)

위한 법이었어요. 자금난에 시달린 동인도회사가 본국에 있는 영국 의회에 지원을 요청했고, 영국 의회는 이 요청에 따라 동인도회사가 신대륙에 차를 팔아 얻는 수익에 대한 세금을 완전히 면제해 주기로 하고 식민지 차 상인들의 차 수입을 전면 금지하는 법을 만든 거지요. 이 법이 제정되자 동인도회사는 막대한 양의 차를 싣고 식민지로 왔지만 식민지인들의 철저한 불매 운동으로 배에서 차를 내리지도 못하고 있었습니다.

그러던 중 보스턴에서는 150여 명의 청년들이 항구로 몰려가서 배에 실려 있는 차를 바다로 내던지는 보스턴 차 사건이 터집니다. 모두 342개 박스에서 나온 10톤이 넘는 무게의 차가 바다에 던져졌지요. 그러자 영국 의회에서는 1774년 3월 동인도회사에 손해를 물어 줄 때까지 보스턴 항구를 폐쇄한다는 보스턴 항구법을 제정해서 식민지를 응징하려 했어요. 그러나 영국의 이러한 대응은 식민지인들에게 앞으로 식민지의 자유가 침해당할 것이라는 위협으로 받아들여져서 사태가 점점 심각해집니다.

영국 의회가 계속해서 식민지에 불리한 법을 만들어 식민지를 억압했던 거군요.

사실 미국은 영국의 식민지였지만 자체적으로 의회를 만들어서 어느 정도는 자치를 누려 오던 전통이 있었지요. 때문에 이를 무시한 채 식민지를 옥죄는 강경책으로만 일관하던 영국의 대응은 식민지인들의 저항을 불러일으키기에 충분했습니다. 보스턴 항구가 폐쇄되자 식민지에서는 집집마다 반기를 게양하고 법령집들을 불태워 버리는 등 저항의 불길이 거세졌지요. 그런데도 영국 의회는 사태를 진정시키기는커녕 식민지 의회의 상원의원을 영국 왕이 직접 임명하고 왕이 임명한 지사가 법원의 판사를 임명 또는 해임할 수 있다는 내용의 매사추세츠 정부법을 제정해서 성난 민심에 기름을 붓습니다. 뿐만 아니라 군인과 관리에 관한 재판은 영국 본토나 다른 식민지에서 열도록 하는 재판운영법이나 필요한 경우 군인을 개인 집에 숙박시키는 군대민박법처럼, 그동안 식민지인들이 누려 왔던 자치권을 사실상 박탈하는 법을 제정했지요. 신변에 위협을 느낀 식민지인들은 영국의 이 같은 조치에 대한 대책이 필요하다고 생각하게 되었고, 1774년 9월 필라델피아에서 영국의 조치에 대한 대책을 세우기 위한 대륙회의가 열렸습니다.

제1차 대륙회의는, 영국의 이러한 입법은 식민지인의 권리를 침해한 것이라고 선언하고 이를 철회할 것을 요구했습니다. 또 콩코드에서 열린 매사추세츠 식민지 의회에서는 민병대를 결성할 것을 결의했고 1775년 3월에는 버지니아 식민지 의회에서 '자유가 아니면 죽음을 달라'는 내용으로 패트릭 헨리의 연설이 이어집니다.

사실 이 연설은 후대에 만들어진 이야기라는 주장도 있지만, 영국군은 어쨌든 식민지인들의 행동이 자신들의 통제에서 벗어나 위협이 되는 것 같다고 생각했지요. 4월에는 병사 700명을 동원해 콩코드에 주둔한 민병대를 기습했지만 200여 명의 사상자만 내고 물러나게 되었어요. 미국 독립전쟁의 첫 교전이 된 이 렉싱턴 전투의 일화는 〈심야의 질주〉라는 이름으로 미국 교과서에도 실렸습니다. 폴 리비어라는 사람이 영국군의 기습을 민병대에게 알려야 한다는 일념으로 밤늦게까지 말을 달렸기 때문에 민병대가 승리를 거두었다는 이야기이지요. 롱펠로우가 지은 〈폴 리비어의 말 달리기〉라는 시도 있다고 하지만 이이야기 역시 사실 여부가 확실하지는 않다고 해요.

이후 1775년 5월 제2차 대륙회의가 열려서 대륙군 창설에 관한 규정을 정하고 훗날 미국의 첫 번째 대통령이 되는 조지 워싱턴 대령을 독립군 사령관으로 임명했지요. 워싱턴은 매사추세츠 케임브리지에 작전본부를 설치했고 대륙회의는 벤저민 프랭클린과 존 애덤스를 프랑스로 보내 원조를 구합니다. 그러나 당시만 해도 대륙회의는 독립을 선언할 생각은 하지도 못했다고 해요. 아직 제대로 된 군대를 키울 여력도 없고 전쟁에 관심조차 가지지 않은 사람이 많아 영국의 군사력을 감당할 수 없는 상황에서 미국의 완전한 독립보다는 자치를 요구하는 편이 옳다는 목소리가 더 컸지요.

그럼 무엇을 계기로 자치운동이 독립운동으로 바뀌게 된 건가요?

1776년 1월 토마스 페인은 필라델피아에서 《상식》이라는 책을 펴냅니다. 70장쯤 되는 짧은 책자로 성경의 사례를 비유로 들어 일상적인 용어로 독립의 필요성을 역설했는데 여기서 페인은 독립이란 미국이 미국의 법률을 스스로 만드느냐, 아니면 미국 최대의 적인 영국 국왕에게 모든 것을 맡기느냐의 문제일 뿐이라고 주장했지요. 이 책이 끼친 파장은 매우 커서 대륙회의에서도 드디어 공개적으로 독립을 논의하기 시작합니다. 이어서 13개 식민지 의회들도 이에 동조하며 하나둘씩 개별적으로 독립을 선언했지요. 같은 해 5월에 열린 대륙회의에서는 13개 식민지가 각각 새로운 헌법을 제정할 것을 권고하였고, 다음

통킬을 연방정부로 구성되지 않았고 체개적으로 출현되고 군대도 없었지만, 이러스탑 한 시간으로 출발한 독립에 대한 불씨기 기지기 시작했다.
(John Trumbull, 1819, United States Capitol)

달에는 독립선언에 관한 구체적인 문제를 의논하기 시작했지요. 토머스 제퍼슨이 독립선언서의 초안을 작성하고 존 애덤스와 벤저민 프랭클린의 수정안이 6월 28일 제출되어 약간의 수정을 거친 뒤 7월 4일에 정식으로 미국의 독립이 선언되었습니다.

독립선언서, 인권을 선언하다

미국 독립선언서가 영국의 권리장전, 프랑스의 인권선언과 함께 인간의 권리를 선언한 문서라고 평가되는 이유는 무엇인가요?

가장 잘 알려진 이유로는 "모든 사람은 평등하게 태어났으며 창조주로부터 생명과 자유와 행복을 추구할 권리를 부여받았다"고 선언했기 때문입니다. 이 권리를 확보하기 위해 인류가 정부를 조직했는데 인민의 동의로 탄생한 정부가 이 권리를 어긴다면 인민은 저항권을 가진다고 독립선언서는 밝힙니다. 그리고 이어지는 뒷부분에서는 영국의 왕이 그와 같은 인민의 권리를 훼손해 왔음을 구체적으로 지적하면서 독립의 당위성을 역설했어요. 모든 사람이 하늘로부터 권리를 부여받았고 저항권을 가진다는 선언은 가히 혁명적이라고 해도 과언이 아니었습니다.

그런데 이렇게 호기롭게 독립을 선언했지만 처음부터 전쟁이 미국에 유리하게 돌아가지는 않았어요. 통일된 군대도 없었고 내부의 적인 미국 내 왕당파들은 여전히 영국 왕을 지지하고 있는 상황에서 조직적인 영국군을 상대하는 것은 너무도 어려운 일이었지요. 필라델피아에서 열리던 대륙회의도 영국군의 공세에 밀려 남쪽인 볼티모어로 옮겨 열렸고 워싱턴 장군도 펜실베이니아로 후퇴합니다. 그렇게 패전이 계속되다가 트렌턴 전투, 프린스턴 전투에서 워싱턴의 작전이 성공하여 대륙군은 작지만 의미 있는 승리를 거두어 불리했던 전황을 반전시키지요. 1777년 10월에는 대륙군이 새러토가 전투에서 큰 승리를 거두면서 전쟁은 미국에게 유리하게 진행됩니다. 일제강점기 때 윤봉길 의사가 홍커우 공원 의거를 통해 독립운동의 정당성을 알리자 중국의 통치자였던 장제스가 우리 임시정부를 적극적으로 지원하게 됐잖아요? 마찬가지로 새러토가 전투의 승리는 프랑스가 미국을 돕는 계기가 되었지요.

새러토가 전투의 승리가 커다란 전환점이자 터닝 포인트가 됐네요.
프랑스는 미국을 돕는 것을 영국에게 당한 굴욕을 만회할 기회로 여겼기에 1778년 2월 미국의 독립을 승인하고 동맹을 맺은 다음 영국에게 선전포고를 했어요. 또 스페인과 네덜란드도 참전해 미국을 도와주기로 했지요. 프랑스에서는 함대와 육군 2개 연대를 보내 주었고 별도로 금화 600만 파운드도 지원했어요. 전쟁은 오랫동안 미국에게 불리하게 진행되었지만 결국 10월, 현재의 버지니아주 요크타운에서 벌어진 전투에서 미국이 큰 승리를 거두면서 영국군은 뉴욕으로 후퇴할 수밖에 없었어요.

프랑스에서 부르주아 민병대 사령관으로 활약하기도 했던 라파예트 장군도 미국을 도왔다고 했지요?

네, 맞아요. 라파예트 장군은 훗날 프랑스 혁명에서 몰락하지만 이때 프랑스인으로서 미국 독립전쟁을 지원하면서 이름을 알리기 시작했지요. 라파예트는 프랑스가 선전포고를 하기 전인 1776년부터 자비를 들여 조달한 배를 타고 대서양을 건너와 전쟁에 뛰어들었어요. 또 전쟁 중에는 프랑스에 잠시 돌아와 프랑스 궁정에 미국 독립전쟁의 명분을 알리러 뛰어다니고 왕을 설득하여 미국에 군대를 보내 줄 것을 요청하기도 했지요. 다시 미국으로 돌아온 후에는 요크타운 전투에도 참여해 혁혁한 전공을 세웠고, 프랑스로 돌아온 1785년에는 미국에서의 활약이 프랑스에도 알려지면서 영웅 대접을 받았다고 해요.

미국이 정식으로 독립을 인정받은 시기는 언제인가요?

미국과 영국은 1779년부터 협상을 시작했고 영국이

1782년 12월에 미국의 독립을 승인한 뒤 1783년 9월 파리에서 두 나라 사이에 평화조약이 체결되었지요. 전쟁이 끝난 1783년 12월에 열린 대륙회의에서 워싱턴은 최고사령관직을 사임하고 고향으로 돌아갈 수 있었습니다.

잠시 앞으로 돌아가 봅시다. 독립전쟁이 한창이던 1781년 13개 주 정부는 1777년 11월, 대륙회의에서 채택한 연합규약이라는 걸 시행하기로 했습니다. 규약의 성격은 13개 주의 공동 행동강령 같은 것이었지요. 아직 중앙정부가 성립되기 전이었으니 13개 주에서 파견한 대표들로 구성된 대표회의에서 외교, 국방, 화폐, 인디언에 대한 대책 등 공통사항을 처리하도록 했어요. 중요 사항은 13개 주 중 9개 주가 찬성하면 결정되었는데 회의는 권고만 할 수 있을 뿐 결정을 강요하지는 못했습니다. 1783년 영국과의 평화조약 때도 버지니아주가 끝까지 미국의 일원으로서 조약을 체결하는 데 참여하지 않고 단독으로 영국과 평화조약을 체결한 것만 봐도 알 수 있지요.

그럼 중앙정부는 어떻게 만들어졌지요?

전쟁이 일어나면 전쟁 특수라는 경제 현상이 나타납니다. 전쟁을 수행하는 데 필요한 군수물자나 군수품에 대한 수요가 급격히 증가함에 따라 이와 관련된 산업이 확대되고 매출이 증가하는 현상인데 물자 공급 체계도 전쟁에 맞춰 크게 달라지기에 정부는 늘어난 전비를 감당하기 위해 국채를 추가 발행하는 등 다양한 대처를 이어 갑니다. 그런데 전쟁이 끝나면 이 것을 회수해야 하는데 주 정부들이 짊어진 빚도 많아서 특단의 정책을 시행하게 되었어요. 각 주 정부는 지폐 사용을 금지하고 금화만을 인정한다든지, 주 정부에 채권이 있는 사람에게는 돈 대신 현물인 땅을 주고 채권을 회수한다든지, 세금으로 거둬들인 지폐를 없앤다든지 하는 정책을 시행했지요. 하지만 농민들과 채무자들은 사용할 수 있는 화폐가 부족해지자 불만을 터뜨리고 폭동을 일으키기도 했어요. 실제로 1786년 매사추세츠주에서는 군인 출신인 셰이즈라는 인물이 반란군 1100명을 이끌고 무기고를 습격하기도 했지요. 혼란이 계속되자 영국이나 프랑스처럼 미국에도 군주제를 도입하자는 주장과, 군주제는 아니지만 그에 버금가는 강력한 중앙정부가 필요하다는 주장이 대두되었어요. 그 외에도 앞서 제정한 연합규약만으로는 해결되지 않는 문제들이 많이 나타납니다. 아무래도 연합규약은 영국에 맞서기 위해 공통 사항을 정한 것이어서 13개 주 사이의 분쟁을 처리하기에는 부족한 부분이 있었지요.

먼저 주(State)와 주의 경계가 명확하지 않아 당시에는 미개척지였던 미국 서부 지역의 소유 문제를 두고 다툼이 일어났습니다. 여러 주는 그것들이 모두 자기 주의 소유라고 주장했지요. 또 두 개의 주가 강을 경계로 나뉘어 있을 때 어느 주가 강의 운항권을 가질 것인지, 인구가 많은 주가 있고 적은 주가 있는데 두 주의 발언권을 동등하게 할지 아니면 차등을 둘지 등도 문제였어요. 이러한 문제들을 해결하기 위해 1786년 메릴랜드주에서 연합규약을 개정하기 위한 토론회의가 열렸고 논의 끝에 1787년 5월에 필라델피아에서 각 주 사이의 상업 및 무역관계를 검토하기로 하자는 결론을 이끌어 냈지요. 연합규약을 개정하는 것과 각 주 사이의 무역관계를 정하는 건 전혀 다른 것이었지만 연합규약을 개정하자고 직접 언급하면 인구가 적은 주의 반발을 가져올지도 몰랐기 때문에 상당히 조심스러운 접근이었지요. 연합규약은 큰 주와 작은 주의 구별 없이 모두 동등한 자격으로 만들어졌지만 큰 주는 이에 대해 불만이 있어 왔고 작은 주가 이를 모를 리 없었으니까요.

아직 중앙정부도 제대로 구성하지 못할 만큼 기반이 갖춰지지 않아 굉장히 혼란스러웠을 것 같은데, 제헌의회는 언제 출발했나요?

1786년의 결정에 따라 1787년 5월 필라델피아에서 열린 회의가 결과적으로 제헌의회가 되었어요. 대표를 파견하지 않은 로드아일랜드주를 제외한 12개 주 대표 55명이 펜실베이니아주 의회 건물에 모여 회의를 열었지요. 회의가 끝나는 8월 6일까지 실제로 회의장에 나타나 토론에 참여했던 사람은 30

명 안팎이었다고 해요. 이들도 매번 바뀌는 등 완전하지는 않았지만 그래도 127일이나 회의가 이어졌다니 훌륭하지요?

이 회의가 성공할 수 있었던 비결은 무엇보다 조지 워싱턴이 의장으로 선출된 데 있다고 해요. 독립전쟁의 사령관이자 영웅이었던 워싱턴은 국민들의 높은 지지를 받았고 그런 사람이 회의장을 떠나지 않고 계속해서 자리를 지킴으로써 회의의 위상이 높아졌지요. 또 비공개 회의였지만 결의된 사안도 언제든지 번복할 수 있도록 해서 127일 동안 각 주의 대표가 자신의 생각을 충분히 자유롭게 말할 수 있게 했어요. 때문에 일부 조문은 토론과 투표를 거듭하기도 하는 등 시간이 많이 걸렸고 현대의 관점에서는 허술해 보이기도 하지만 모든 참석자가 기탄없이 자신의 의견을 내세울 수 있었고 무엇보다 철저하게 비밀이 지켜졌기 때문에 논의가 충분히 이루어질 수 있었어요. 127일이나 되는 긴 시간 동안 회의가 파행으로 치닫지 않고 진행될 수 있다는 게 신기하지만, 회의 첫날 대표들은 자유롭게 자신의 의견

미합중국 서명 장면

영국에서 독립한 뒤 펜실베이니아주 필라델피아에서 열린 필라델피아 제헌회의는 연방구성 개정을 목표로 했지만 127일 동안 회의가 이어지며 헌법 초안이 만들어지는 계기를 줬다. (Howard Chandler Christy, 1940, Independence Hall)

을 내놓을 수 있도록 합의했고 그 약속을 끝까지 지켰기 때문에
회의가 지속될 수 있었던 겁니다.

이 회의가 결과적으로 제헌의회의 역할을 했다고 했는데, 제헌
의회를 실질적으로 주도한 사람은 뉴욕주의 대표인 알렉산더
해밀턴과 버지니아주의 대표인 제임스 매디슨이었다고 해요.
해밀턴은 각 주의 특권은 축소되어야 하고 대통령 중심의 강력
한 중앙정부가 있어야 한다고 주장했어요. 매디슨도 강력한 중
앙정부가 있어야 한다는 데에는 의견을 함께했습니다. 그러나
정부와 주의 권리가 부딪칠 때는 주의 권리가 더 중요하다고 주
장하면서 강력한 중앙정부보다는 최소한의 연합만을 위한 정
부를 원하는 이들도 있었어요. 두 세력은 회의 기간 내내 대립
하였지요. 이러한 의견 대립은 오늘날까지도 연방주의자와 주
권주의자의 대립 등을 통해 나타나고 있습니다.

127일간의 회의 기간 동안 사전 준비나 요즘 식으로
말하자면 쟁점 정리도 없이 토론이 진행된 건가요?
넉 달이 넘는 시간이 지났는데 회의장에서 오갔던 논
의가 밖으로 새 나가지 않았는지도 궁금해요.

사실 매디슨은 회의가 열리기 전에 미리 버지니아주
의 모든 대표와 사전 회의를 열어서 버지니아 플랜이라는 건의
서를 만들었고, 회의가 6일째 되던 날에 제출합니다. 그 내용을

살펴보면 ① 삼권분립과 ② 양원제를 채택하고 ③ 입법부가 행정의 수반과 판사를 선출하며 ④ 주의 인구와 세금 부담액에 비례해서 의회 의석수를 배정한다는 것이 중요한 골자였어요. 버지니아 플랜이 미리 쟁점 정리를 해 놓은 셈이지요. 이후 회의의 양상은 버지니아 플랜에 대한 찬반 의견 제출로 변해 갔고 반대 주장이 더 많았다고 하지만, 이 플랜은 결국 미국 헌법의 기본 골격이 됩니다. 훗날 미국 헌법의 아버지라고 불리게 될 매디슨은 127일 동안 빠짐없이 회의에 참석하여 회의의 경과를 기록해 나갔고, 127일간의 토론 끝에 1787년 9월 17일에는 대표들이 서명한 헌법 초안이 만들어졌습니다. 또 이 회의는 회의 참석자 외에 어느 누구도 어떤 회의가 어떤 방식으로 열리는지 몰랐을 정도로 보안이 철저했다고 합니다. 뉴스가 실시간으로 전달되는 요즘 관점으로는 상상하기 어려운 일이지요.

이 과정을 거쳐 만들어진 헌법 초안은 복잡한 구절은 삭제되고 지극히 간결한 조문만 남기는 방식이어서 결국 전문과 본문 7개조만으로 구성되었습니다. 7개조밖에 안 된다고 생각할 수 있지만 7개조 모두가 항과 호로 세분되어 있어서 생각보다 그렇게 단순하지만은 않습니다. 여기서는 본문 7개조를 살펴보겠습니다. 제1조는 입법권이 어떻게 운용되는지를 규정한 조문이고 제2조는 대통령이 대표하는 행정권이 어떻게 운용되는지를 규정했고, 제3조는 사법권과 관련한 조항입니다. 제4조는 연방제도와 관련한 규정이며 제5조는 헌법의 수정절차를 규정했고, 제6조는 헌법의 효력에 관한 규정, 제7조는 헌법의 비준에 관한 규정이었지요. 제7조에 의하면 9개 주에서 헌법에 동의하는 즉시 동의한 주에서 효력을 갖게 되었어요.

그럼 실제로도 제정 즉시 동의가 이루어졌나요?
그렇지는 않습니다. 헌법이 효력을 발생하기까지는 꽤 시간이 필요했어요. 먼저 1787년 12월 델라웨어주가 만장일치로 비준을 마쳤고, 1788년 6월까지 9개 주가 비준을 마침으로써 헌법은 효력을 얻게 되었지요. 새로운 헌법이 발효되자 1789년 1월 총선거가 실시되어 연방의회가 구성되었고, 각 주에서 선출된 선거인들이 뉴욕에 모여 조지 워싱턴을 대통령으로 선출해서 1789년 4월, 워싱턴은 미국의 초대 대통령으로 취임했습니다.

미국은 왜 대통령제를 택한 거지요? 대통령제는 대통령 1인이 막강한 권력을 가진다는 점에서 왕정과 큰 차이가 없어 보이는데요.
미국은 영국이라는 외부의 적에 맞서 싸워 건립된 나라였지 영국이나 프랑스처럼 민중을 억압하고 고통을 주는 왕과 싸워 정부를 건국한 나라가 아니었기 때문에 굳이 왕정을 부정할 필요가 없었어요. 또 당시에는 내각책임제가 자리 잡은 상태도 아니었지요. 때문에 왕정과 유사한 대통령제도 자연스럽게 받아들여진 것이었어요. 그리고 자신들이 직접 만든 헌법을 해석해 나가는 과정을 통해 지금과 같은 형태의 대통령제를 유지하는 공화국이 자리 잡게 된 것이지요.

당시 미국 헌법에는 대통령 임기를 4년으로 정하기는 했지만 연임을 인정하고 있었고 그 횟수도 특별히 정해 두지 않았습니다. 때문에 형식은 달랐지만 실제로는 한 사람이 왕처럼 죽을 때까지 대통령 자리에 머무를 수도 있었어요. 당시에는 왕이 퇴임한다는 개념이 없었고 왕의 퇴임은 혁명적 상황이 아니면 상상할 수 없는 것이니까 대통령도 4년마다 선출되기만 한다면 무한정으로 할 수 있다고 생각했지요. 당시 사람들은 왕정이나 대통령제나 특별히 다르다고 보지는 않았기 때문에 평생 연임이 가능한 대통령제도 이상하게 보지 않았던 거지요. 게다가 초대 대통령으로 뽑힌 조지 워싱턴이 독립에 워낙 공이 큰 사람이니 초대 대통령으로는 물론이거니와 살아 있는 내내 대통령으로 자리하는 것도 당연한 것으로 받아들였다고 해요.

그런데 워싱턴 대통령은 총 재임 기간 8년, 한 번의 연임 이외에 세 번 이상은 대통령 자리에 오르지 않았고 이것은 곧 미국의 전통이자 관례가 됩니다. 그러나 제2차 세계대전 때 미국의 32대 프랭클린 루즈벨트 대통령이 대공황과 전쟁 같은 국가적 위기에서는 강력한 지도력을 가진 지도자가 필요하다는 이유로 총 네 번 연임한 뒤에는 세 번 이상의 연임을 금지한다는 수정 헌법이 만들어졌지요.

미국은 국민이 직접 대통령을 뽑는 직선제 대신 선거인들이 대신 대통령을 뽑는 간선제를 택하고 있습니다. 그 이유는 무엇인가요?

미국 헌법 제2조 제1항 제2호는 "각 주는 그 주의 주의회가 정하는 바에 따라 그 주가 연방의회에 보낼 수 있는 상원의원과 하원의원의 총수와 동수의 선거인을 임명한다"라고 규정하고 있습니다. 상원의원의 수는 주의 크기나 인구수와 상관 없이 모든 주마다 2인이므로 같지만, 하원의원의 수는 10년마다 인구조사를 하여 결정하기 때문에 바뀔 여지가 있지요. 어쨌든 미국 선거제도에서는 이때의 선거인을 개개인으로 보지 않고 선거인단이라는 하나의 집합체로 보고, 운영하기 때문에 각 주마다 다수의 선거인단 표를 차지한 후보가 그 주의 선거인단의 선거인 표를 모두 얻게 됩니다. 선거인단의 의사가 선거인들에 의해서 정해지는 것이지 선거인들 개개인의 의사가 그대로 반영되는 방식은 아니라는 것이지요. 그래서 선거인의 투표가 아무리 근접하게 나뉘더라도 다수를 얻은 후보가 선거인의 총 수만큼 득표하게 됩니다. 때문에 2016년 미국 대통령 선거에서 공화당 후보인 도널드 트럼프는 민주당 후보인 힐러리 클

린턴에 비해 득표수가 약 300만 표 적었지만 선거인단은 더 많이 확보해서 트럼프가 대통령에 당선된 것입니다.

미국이 이런 독특한 선거제도를 채택한 이유는 여러 가지로 해석됩니다. 직접선거 대신 선거인단에 의한 간접선거를 시행한 것은 당시 흑인 노예제도를 운영해 시민으로 인정받지 못한 사람이 많았고 체계적인 대중교육이 자리 잡지 못해 일반 시민의 투표 능력에 대한 불신이 있던 시대적 배경 때문이었습니다. 이때 선거인단의 수를 상원과 하원의 총수로 정한 것은 인구가 많은 주가 더 큰 영향력을 가진다는 것은 인정하면서도, 인구가 적은 주라도 최소한의 위상은 갖출 수 있게 하기 위해서였다고 합니다.

또 선거인들 각자의 선호를 따지지 않고 주마다 선거인단의 의견을 정하여 반영하도록 하는 제도 또한 연방정부에 각 주의 의사를 반영하기 위한 것이라고 합니다. 선거인이 어느 주에 속하든 상관없이 단순 다수제로 대통령을 뽑는다면 각 주의 주권(州權)이 소홀하게 여겨질 것이라는 점이 염려되었던 거지요. 이런 제도가 주권자의 의사를 직접 반영해야 한다는 민주주의의 취지에 맞지 않는다는 비판이 늘 있어 왔지만 실제로 바뀔 가능성은 별로 없다고 전망하는 것도 신기하지요.

13개 주 중에서 9개 주만 비준을 했던 이유는 무엇인가요?
우선 헌법에는 정부의 권력을 나누는 규정만 있을 뿐

시민권에 관한 규정이 없다는 것이 이유 중의 하나였어요. 당시 대다수 주는 시민의 권리를 정한 권리장전을 헌법에 규정하고 있었는데 정작 중앙정부의 헌법에는 권리장전이 없었거든요. 더구나 처음부터 제헌의회로 소집되지도 않은 필라델피아 회의가 만든 초안은 효력이 없으므로 필라델피아 회의의 결론을 보충하는 새로운 회의를 열어야 한다는 주장도 많았어요.

<u>실제로도 새로 회의를 열었나요?</u>

그보다는 이미 구성된 연방의회가 첫 번째 회의에서 10개의 조문으로 된 권리장전을 빨리 통과시켜서 나머지 주가 빠른 비준을 할 수 있도록 하였지요. 그리고 이 부분은 1791년부터 효력을 발생합니다. 권리장전은 ① 종교·언론·출판의 자유와 집회 및 청원권 ② 무기 휴대의 권리 ③ 군인의 숙영 제한 ④ 부당한 수색 및 체포 ⑤ 압수로부터의 보호 ⑥ 공정한 재판을 받을 권리 ⑦ 민사 사건상의 권리 ⑧ 보석금·벌금·형벌 제한에 관한 내용 등으로 구성되었지요. 그리고 제9조에서는 수정헌법에 열거되지 않은 권리도 보호된다는 점을 명시하였습니다. 이후 1790년 5월, 로드아일랜드주의 비준을 마지막으로 13개 주 모두가 헌법을 비준하게 되었지요. 최초의 수정헌법 제1조부터 제10조까지를 영국의 권리장전과 같은 용어인 권리장전이라고 부르는 것은 시민권에 관해 말하고 있기 때문이지요.

미국 헌법은 보기 드문 절차를 거쳐서 만들어졌군요.

미국의 헌법학자들은 1787년의 미국에서 이처럼 다른 나라에서는 보기 어려운 방식으로 헌법이 만들어질 수 있던 이유는, 식민지로 있는 동안 매년 마을 회의에서 대표를 선출하고 주요 정책에 대한 토론과 표결을 하는 등 자치를 누리며 정부 운영에 관한 경험을 축적해 왔기 때문이라고 봅니다.

미완의 헌법

앞에서도 투표권을 부여하는 데 노예제도가 걸림돌이었다고 했는데 이후 노예제도는 어떻게 되었어요?

그 부분은 헌법을 만들 때부터 민감한 부분이었지요. 당시에도 농업 위주의 산업이 주축인 남부에는 노예가 있었지만 상공업이 주축인 북부에는 노예가 없었는데, 남부의 5개 주의 대표들은 노예제를 부정할 수 있는 헌법조항은 자신들의 생업에 위협이 되리라는 이유로 완강하게 반대했지요. 북부 주의 대표들은 노예제도의 폐지가 자신들의 생업에 큰 위협이 되지는 않았지만 강력한 연방정부를 만들기 위해서 이 부분을 양보하지 않을 수 없었어요. 헌법 제1조 제2항과 제9항을 보면 이에 대한 타협의 흔적이 남아 있지요.

먼저 제9항을 보면 "연방의회는 어느 주가 허용함이 적당하다고 인정하는 사람들의 이주 또는 입국을 1808년 이전에는 금지하지 못한다"라는 규정을 두었어요. 연방의회가 노예 수입을 금지하지 못하는 시기를 못박은 겁니다. 또 제2항에서는 "하원의원의 수와 직접세는 각 주의 인구수에 비례하여 배정한다"라고 하면서 각 주의 인구수는 자유인의 총수에 의해 결정되게 했어요. 그런데 여기에 기간이 정해진 계약노동자는 포함하고, 과세하지 않는 인디언은 제외하며, '기타 인구'는 총수의 5분의 3을 가산하여 결정한다는 규정을 두었지요. 자유인이 누구라고 정의하지는 않으면서 누구는 포함되고 누구는 배제한다는 방식으로 규정된 것은 자유인에는 비자유인인 노예가 제외된다는 의미이면서 노동자 중 계약노동자는 자유인이라고 보았고 과세하지 않는 인디언은 포함시키지 않은 것입니다. 그러면서 실제로 '비자유인'인 노예는 '기타 인구'라고 하여서 노예 한명은 인구수를 셀 때는 5분의 3명으로 계산하기로 했지요. 헌법에 '노예'라는 말을 쓸 수 없어서 고충 끝에 만들어 낸 말이라고 해요.

<u>노예에게도 5분의 3만큼의 투표권을 주었다는 건가요?</u>
그렇지는 않았고 다만 하원의원의 수를 정할 때 고려된다는 거였지요. 투표권을 줄지 말지를 정하는 것은 주 의회에 위임하고 있어서 연방의회에 권한이 없었어요.

투표권은 없어도 하원의석 확보에 동원되다니, 노예를 또 한 번 울리네요. 하원의원 수를 늘리기 위해 아프리카에서 노예를 사들이는 등 법을 악용할 수도 있었겠는데요?

이론적으로는 가능하지만 동시에 세금도 5분의 3만큼 내야 하기 때문에 무한정 늘릴 수는 없었지요. 결과적으로 남부의 주는 하원에서 의석수를 많이 확보해 영향력을 늘리는 한편 북부의 주는 남부의 주가 내는 세금 혜택을 보는 방식으로 타협이 된 거였어요. 그러나 이런 불완전한 타협은 훗날 미국의 남북전쟁으로 이어지게 됩니다. 남북전쟁 후 미국의 노예제도와 5분의 3에 대한 조문은 수정헌법 제13조와 제14조가 발효되면서 사라졌지요. 그리고 흑인 투표권은 1870년 수정헌법 제15조에서, 여성 투표권은 1920년 수정헌법 제19조에서 새로 규정되었으나 흑인들이 실제로 투표권을 얻기 위해서는 1964년 민권법과 1965년 투표권법이 만들어질 때까지 기다려야 했습니다.

미국 헌법 초안은 2년 뒤 일어난 프랑스 혁명에 영향을 줬을 것 같은데 실제로도 그러한가요?

그렇습니다. 미국 독립선언서의 두 번째 문단을 보면 다음과 같습니다.

우리는 다음과 같은 것을 자명한 권리라고 생각한다. 모든 사람은 평등하게 태어났고 조물주는 몇 개의 양도할 수 없는 권리를 부여했으며 그 권리 중에는 생명과 자유와 행복의 추구가 있다. 이 권리를 확보하기 위하여 인류는 정부를 조직했으며 이 정부의 정당한 권력은 인민의 동의로부터 유래한다. 오랜 세월에 걸친 학대와 착취로 인민을 절대전제정치 밑에 예속시키려는 계획을 분명히 했을 때에는 이와 같은 정부를 타도하고 미래의 안전을 위하여 새로운 보호자를 마련하는 것은 그들의 권리이며 의무인 것이다.(위키피디아)

프랑스의 인권선언도 마찬가지입니다.

제1조

인간은 자유롭게 태어나고 평등한 권리를 누리면서 살아간다.

제2조

모든 정치적 연합의 목적은 인간의 절대적인 자연권을 보전하는 것이다. 이러한 권리는 자유, 재산, 안전, 압제에 대한 저항이다.

제3조

모든 주권의 원리는 근본적으로 국민에게 있다.

《1789, 평등을 잉태한 자유의 원년》, 주명철 지음, 여문책, 2015, 233)

이 조항을 비교해 보면 결국 두 선언이 지향하는 바가 동일하다는 걸 알 수 있어요. 프랑스 인권선언 부분은 미국 독립전쟁에서 돌아온 라파예트가 작성한 초안이 받아들여진 것이라고 해요. 그런데 미국 독립전쟁을 프랑스가 지원하고 라파예트도 참전하는 등 미국이 프랑스의 도움을 많이 받았다고는 하지만 프랑스 혁명 이후의 미국과 프랑스의 관계는 그리 돈독하지 않았습니다. 1778년 동맹조약을 맺었다지만 아직 국가의 기초가 제대로 잡혀 있지 않았던 미국으로서는 프랑스 혁명으로 야기된 유럽대륙의 분쟁에 휘말리고 싶지 않았어요. 결국 1793년 4월, 조지 워싱턴 대통령은 미국은 어떤 교전국의 편도 들지 않는다고 선언합니다.

연방주의자와 주권주의자의 대립은 잘 해결되었나요?

그 문제가 가장 심각했지요. 그러나 시간이 흐르면서 회의에 참석한 사람들은 조금씩 타협하기 시작했어요. 주 헌법이 연방헌법에 저촉될 경우 모든 주의 법관은 연방헌법에 따라야 한다고 규정해 둔 헌법 제6조 같은 것이 타협의 흔적입니다. 또 헌법의 비준을 주 의회가 아니라 새로 조직한 헌법인가회의에서 하도록 하면서도 개최 방법은 주가 스스로 결정할 수 있도록 해 둔 제7조 역시 절충적인 규정이라고 할 수 있습니다.
다만 문제를 근본적으로 해결하지 않고 적당히 덮어 두었기 때문에 이 문제는 계속 남아 있다가 훗날 남북전쟁의 원인 중 하나가 됩니다. 노예제도가 각 주의 자치권 문제와 결부되면서 노예제를 존속시킬 필요가 있던 남부의 주들이 별도의 연합을 구성하여 연방에서 탈퇴했고 그들과 연방정부를 지지하는 쪽과의 대립으로 남북전쟁이 일어났으니까요.

여기서 토마스 페인의 이야기를 조금 더 해 볼게요. 2장에서 언급했듯이 토마스 페인은 1793년 1월, 프랑스 국민공회에서 루이 16세의 처형을 반대하는 논리를 펼쳤지만 끝내 처형을 막지는 못합니다. 그 후 페인은 파리 생드니 숙소에서 종교에 대한 자신의 의견을 쓰기 시작했어요. 조직화된 종교에 대한 거부와 인간 이성에 대한 확신을 담은 책이었지요. 1793년 3월, 제1부의 프랑스어 번역서가 《이성의 시대》라는 이름으로 파리에서 출판되었어요. 그리고 같은 해 크리스마스 날 밤, 페인은 반역죄로 체포되어 뤽상부르 감옥 독방에 갇혔지요. 하지만 그곳에서도 계속해서 원고를 쓰고 수정하는 일을 멈추지 않았고 감옥에서 나온 1795년 10월 기어이 제2부를 완성합니다. 1802년 페인은 미국으로 돌아왔지만 《이성의 시대》에서 기독교를 비판했기 때문에 친구들은 그에게 등을 돌렸고, 수감생활로 인해 건강이 많이 상했던 그는 결국 1809년 사망합니다. 죽음에 임박해 아버지의 종교였던 퀘이커교 신자들의 무덤에 묻히고 싶어 했지만 거절당한 아픔도 있습니다. 결국 자신의 농장에 묻혔지만 그의 시신조차 평안을 누리지 못했어요. 페인이 사망하고 10년 뒤, 윌리엄

코빗이라는 영국 급진주의자가 그의 유골을 영국으로 훔쳐 가서 기념비를 세워 주려 했지만 영국 정부의 반대에 가로막혀 이러지도 저러지도 못하다가 유골까지 사라졌다고 하거든요.

　　　　　너무나 안타까운 일이네요. 살아 있을 때는 제대로 인정받지 못하고 죽은 뒤에도 편히 쉬지 못했으니 말이에요.
　　　　　사실 페인은 미국 독립운동의 흐름을 바꾼 책《상식》에서 "나는 간단한 사실과 명백한 논거, 상식 이상의 것은 전혀 제시하지 않고 있다"면서 미국의 독립이 필요한 이유를 비유를 들어 쉽게, 그리고 논리적으로 풀어 나갔습니다. 그는 지금의 시기를 놓치면 독립은 어려울지도 모른다면서 통치 형태를 먼저 만든 다음 집행을 위한 대표자들을 임명해야 하며 왕을 먼저 세우게 되면 스스로 법률을 제정할 수 없게 된다고 외쳤습니다. 페인은 가난한 집안에서 태어나 어릴 때 다니던 학교를 자퇴하고 선원, 코르셋 제조업자, 세금 징수인 등 온갖 일을 했습니다. 때문에 오히려 보통 사람의 생각에 기반한 '상식'이라는 무기를 갖출 수 있었던 것은 아니었을까요. 이렇게 쉬운 비유와 논리적인 설득을 조합했기에《상식》은 많은 사람에게 미국이 영국으로부터 단지 자치권만을 얻어 내는 데 그치지 않고 독립을 해야 한다는 생각을 불러일으키는 데 성공했던 것이지요.

무난히 체제를 바꾼 영국이나 미국과 달리 프랑스는 왜 왕정과 공화정이 번갈아 들어서는 등 혼란이 극심했나요?

명예혁명 당시의 영국은 아직 산업화가 본격적으로 시작되지 않은 가내수공업적인 사회였기 때문에 도시의 노동계급이 형성되지 않았죠. 때문에 노동계급의 발언권이 크지 않았고 대신 부르주아 계층과 귀족들이 왕과 타협을 주도할 수 있었기 때문에 피를 흘리지 않고도 혁명을 성공시킬 수 있었던 것 같습니다. 그들은 왕정을 폐지하는 대신 왕권을 제한하고 의회의 권한을 강화하는 방식으로 타협했고, 민주주의적인 방식은 그 후에 서서히 자리 잡게 된 거지요.

미국은 역사가 깊지 않았고 나라만의 오랜 전통 같은 게 없었다는 단점이 있었지만 그 점은 오히려 기존의 체제와는 전혀 다른 새로운 나라를 만드는 데 도움이 되었겠지요. 물론 지금에 와서 생각해 보면 미국에도 노예제도라는 문제가 있었지만 당시로서는 아프리카의 노예들이 시민이라는 생각을 하지 못했을 테고 같은 시민들 사이의 신분의 차이는 전통사회가 뿌리내린 영국이나 프랑스 같은 나라보다는 크지 않았을 테니까요. 그렇게 본다면 프랑스는 산업화로 인해 구체제의 문제점이 뚜렷하게 부각된 사례라고 볼 수 있어요. 비슷한 시기에 독립한 미국과 비교하자면 역사가 깊었기 때문에 오히려 문제가 된 게 아닐까요?

제도는 한 사회를 이룬 역사를 완전히 품었을 때 제대로 발현된다는 깨달음을 주네요. 미국이 독립선언을 한 1776년에 우리나라에서는 어떤 일들이 일어났지요?

1776년에는 우리나라에서 정조 임금이 즉위했습니다. 24년간 왕위에 있었고 1800년에 승하하셨으니 프랑스 혁명이 일어났던 당시에도 조선의 왕은 정조 임금이었지요. 정조 임금이 아무리 뛰어난 분이라 해도 아시아의 동쪽 끝에 있는 조그만 나라 조선에서 세계의 흐름이 왕정에서 입헌군주국이나 공화정으로 넘어가고 있다는 사실을 알아채기는 어려웠겠지요.

당시의 미국의 모습을 잘 보여 주는 소설은 없나요?

바로 떠오르는 소설이 너새니얼 호손의 《주홍 글자》입니다. 독립전쟁 때보다는 그 이전의 미국 이민자들의 모습을 잘 보여 주고 있는 소설이지요. 포카혼타스의 사망 후 수십 년이 지나고 독립선언까지 100년가량을 더 기다려야 하는 1640~1650년대의 시기를 배경으로 하고 있어요. 아직 매사추세츠가 영국의 왕령으로 바뀌기 전이지요. 사건이 일어나는 무대는 매사추세츠주의 세일럼이라는 마을입니다.

소설의 주인공인 헤스터 프린이라는 여성은 남편보다 먼저 유럽을 떠나 정착지인 마을에 도착했습니다. 그런데 뒤따라오기로 했던 남편이 행방불명되어 생사를 알지 못하던 중 마을의 존

경받던 목사 딤즈데일과 사랑에 빠지고 아이를 출산합니다. 남편이 행방불명됐지만 아직 생사가 확인되지 않은 상태에서 다른 남자의 아이를 낳은 헤스터 프린의 부정은 문제가 되었고 결국 헤스터 프린은 마을 공동체의 심판에 내몰리게 되었지요. 그러나 처형대 위에서도 헤스터 프린은 아이의 아버지를 밝힐 것을 끝내 거부했고 가슴에 주홍글자를 단 채 처형대에 서 있어야 하는 형벌을 묵묵히 받아들입니다. 그리고 평생 주홍글자를 달고 딸을 키우면서 살아가지요.

그런데 헤스터 프린의 남편인 칠링워스는 인디언에게 잡혀 있는 동안 약초에 대한 지식을 터득하고 의사가 되어 마을로 돌아옵니다. 그는 헤스터 프린이 처형대에 서 있는 장면을 목격한 뒤 헤스터 프린이 갇혀 있는 감방에 가서 아이의 아버지가 누구인지 물었지만 헤스터 프린은 끝까지 말하지 않습니다. 그러나 결국 칠링워스는 아이의 아버지가 딤즈데일 목사인 것을 알게 되었고 나름대로의 복수를 꿈꾸지요.

소설의 마지막은 시민들로부터 추대받은 신임 지사가 시민들로부터 권한을 넘겨받는 경축일을 묘사합니다. 1년에 한 번 있는 이 경축일에 축하 설교를 하기로 예정되어 있던 딤즈데일 목사는 '신과 인간 사회와의 관계'라는 주제로 '새로 모여든 주님의 백성을 위하여 고귀하고 영광스러운 운명을 예언'하여서 '승천하는 천사가 잠시 그 백성들의 머리 위에서 찬란한 날개를 펴

덕여 황금빛 진리의 소나기를 퍼붓는 것' 같은 설교를 마칩니다. 그동안 양심의 가책에 시달리면서 죽어 가던 딤즈데일 목사는 설교를 마친 후 행렬과 함께 교회당을 나가서 처형대에 이르러 헤스터 프린의 부축을 받아 처형대에 오릅니다. 그는 처형대에서 딸의 손을 잡고 자신의 죄를 고백하고 죽음에 이릅니다.

이 경축일의 풍경에서 당시 식민지의 분위기를 읽을 수 있습니다. 아침 일찍 헤스터 프린과 딸 펄은 장터로 향했습니다. 평소에는 마을 공화당 앞의 넓고 한적한 풀밭이던 이곳이 와글와글 법석대고 있었지요. 그들 중에는 각종 장인(匠人)들과 일반 주민 외에도 삼림지대 정착지에서 온 사슴가죽 옷을 입은 사람들도 있고, 온몸에 붉은색과 노란색 칠을 한 채 깃털로 치장하고 활과 화살과 석창으로 무장한 인디언들도 있었어요. 무법자처럼 우악스러워 보이고 햇볕에 검게 탄 얼굴에 수염이 덥수룩하게 난 선원들도 있었습니다.

군악대가 다가오고 그 뒤로 군대의 무기와 갑옷이 번쩍거리며 행진했지요. 지체 높은 관료들이 뒤따라오고, 경축일에 설교하기로 한 딤즈데일 목사도 뒤를 잇습니다. 그들은 공화당에 모여 개회기도를 올리고 설교를 들은 뒤 다시 행렬을 이루어 장터로 나옵니다. 호손은 악대들의 연주가 군중에게 영웅적인 분위기를 불러일으키기에 충분했고 군대도 화려한 위용을 갖추고 있었다고 묘사합니다. 식민지 관료들은 각진 얼굴과 우람한 체격과 함께 불굴의 정신과 강한 자립심을 가져서, 고난이나 위기에 처할 때 성난 조류를 막아 내는 해안의 절벽처럼 국가의 안녕을 위해 일어나는 사람으로 그립니다. 소설의 배경은 식민지가 영국의 왕령이 되기 전으로서, 영국의 전통이 여전히 남아 있지만 한편으로는 자치적이고 독립적이면서 그들만의 폐쇄적인 문화와 전통으로 유지되는 공동체였다는 걸 잘 느끼게 해 줍니다. 인디언과 개척민이 공존하는 모습도 보이지요?

세일럼이 유명해진 것은 미국이 아직 영국의 식민지였던 1690년경에 일어났던 비극 때문입니다. 소녀들이 서인도제도 출신의 하녀들을 마녀라고 고발하면서 마녀사냥이 시작되었지요. 특별법정이 열리고 150명 이상의 주민이 마녀 혐의로 기소되었습니다. 1년여에 걸친 재판에서 28명이 유죄 선고를 받았고 20명이 처형되었지요.

흥미롭게도 《주홍 글자》의 작가 호손의 선조 중의 한 명이 이 마녀재판의 판사였습니다. 호손은 《주홍 글자》의 서문 격인 일종의 에세이 〈세관〉에서 그의 조상들이 칼과 성서만을 지니고 이 땅에 정착해서 퀘이커교도들을 박해하고 마녀재판을 벌였다면서 자신은 그들의 수치를 스스로 받아들이고 운명이라고 느낀다고 쓰고 있기도 합니다. 현재의 미국이라는 나라의 출발 당시를 그려 보는 데 이만큼 좋은 소설은 없을 듯합니다.

4장

바이마르 헌법, 현대 헌법의 기틀이 되다

바이마르 헌법에 새겨진 로자 룩셈부르크

독일이라고 하면 무엇이 떠오르나요? 여러 가지가 생각나겠지만 여기서는 헌법 이야기를 하고 있으니, 가장 현대적인 헌법이라는 이야기를 듣는 바이마르 헌법을 살펴보겠습니다. 먼저 우리나라 헌법 제1조 제1항과 제2항을 봅시다. 그리고 바이마르 헌법 제1조도 보고요.

대한민국헌법 제1조
제1항 대한민국은 민주공화국이다
제2항 대한민국의 주권은 국민에게 있고, 모든 권력은 국민으로부터 나온다.

바이마르 헌법 제1조
Das Deutsche Reich ist eine Republik. Die Staatsgewalt geht vom Volke aus.
독일은 공화국이다. 국가권력은 국민으로부터 나온다.

어때요? 많이 비슷하지 않나요? 바이마르 헌법은 그만큼 우리나라 헌법을 만들 때 많이 참고되었고 시대를 앞서갔다는 이야기를 듣는 헌법입니다. 여성에게 투표권이 주어진 나라가 거의 없던 20세기 초에 이미 여성의 참정권을 인정하고 언론의 자유, 집회의 자유 등을 보장했던 헌법이니 굳이 설명하지 않아도 되겠지요?

그런데 바이마르 헌법의 현장에서 가장 눈에 띄는 사람은 로자 룩셈부르크입니다. 로자 룩셈부르크는 사실 독일 출신은 아니고 폴란드의 한 유태인 가정에서 태어났어요. 어렸을 때 병에 걸린 뒤 그 후유증으로 평생 한쪽 다리가 불편했고 키도 작은 편이었다고 합니다. 대신 레닌이 마르크스 이래로 가장 뛰어난 두뇌라고 했다는 말이 있을 정도로 머리가 좋았고 고등학교 재학 시절 내내 수석을 놓치지 않을 정도로 똑똑했습니다. 하지만 태도가 반항적이라는 이유로 고등학교를 졸업할 때 마땅히 받아야 할 금메달을 받지 못했고 그 무렵부터 사회주의 운동에 뛰어들었다고 합니다. 19세기에 여자가 대학을 다닌다는 것은 거의 불가능했고 여자를 받아 주는 대학도 거의 없었기에 멀리 떨어진 스위스의 취리히 대학교까지 가서야 경제학과 법학을 공부할 수 있었지요. 이후 1898년 독일인과 위장결혼을 해서 독일시민권을 취득한 룩셈부르크는 사회주의 이론가로 활동하면서도 폴란드의 사회주의자들과도 맞섰고 독일 사회민주당이 주장한 수정주의와도 맞서는 노선을 걸었지요.

자수성가의 표본 같은데 혹시 룩셈부르크만의 독자적
인 노선이 있었나요?

먼저 시대 배경을 살펴보도록 합시다. 1914년 사라예
보에서 오스트리아-헝가리 제국의 황태자인 프란츠 페르디난
트가 세르비아의 청년에게 암살됩니다. 그러자 오스트리아-헝
가리 제국은 세르비아에 선전포고를 했지요. 이 전쟁은 결국 제
1차 세계대전으로 비화합니다. 당시 독일 사회민주당은 민족주
의와 혁명 대신 점진적인 사회개혁을 주장하는 수정주의적 관
점에서 전쟁을 지지했습니다. 룩셈부르크와 카를 리프크네히
트는 반전을 주장하며 사회민주당을 비난했지만 결정을 뒤엎

4장 바이마르 헌법, 현대 헌법의 기틀이 되다

을 수는 없었지요. 결국 독일은 전쟁의 한복판에 뛰어들었고 룩셈부르크와 리프크네히트는 사회민주당에서 탈퇴하고 인터내셔널 그룹을 결성합니다. 룩셈부르크는 점진적으로 권력을 장악하려는 사회민주당의 수정주의는 자본주의를 돕고 혁명을 방해할 뿐이라며 비난합니다. 심지어 자신을 칭찬했던 레닌과도 맞섰는데, 직업 혁명가의 정치적 폭력을 옹호하는 레닌의 노선은 노동자들이 중심이 되는 자발적 혁명인 사회주의와 다르다는 이유에서였습니다. 1916년, 인터내셔널 그룹은 고대 로마의 노예이자 반란을 일으켰던 스파르타쿠스의 이름을 따서 스파르타쿠스단(Spartakusbund)으로 이름을 바꿔 투쟁을 계속해 나갔지요.

제1차 세계대전이 독일 제국의 패배로 귀결되자 황제였던 빌헬름 2세는 네덜란드로 망명했고 독일에는 사회민주당이 주도하는 바이마르 공화국이 들어섭니다. 이후 스파르타쿠스단은 다른 급진 세력들과 함께 독일공산당을 창당하고 1919년 1월 스파르타쿠스단의 봉기를 일으켰지만 사민당이 동원한 정규군과 자유 군단이라고 칭하는 이들에 의해 진압당합니다. 리프크네히트와 룩셈부르크에게 10만 마르크에 달하는 현상금이 걸려 있었다고 해요. 봉기에 실패한 두 사람은 1월 15일 살해당하고 시체는 운하에 버려집니다. 현재 그 자리에는 두 사람을 추모하는 조형물이 세워져 있어요.

만일 스파르타쿠스단의 봉기가 성공해서 리프크네히트와 룩셈부르크가 정권을 잡았다면 히틀러를 비롯한 나치당은 나타나지 않았을 것이고 훗날 제2차 세계대전도 일어나지 않았을까요?

그거야 알 수 없는 일이죠. 게다가 봉기가 성공할 가능성은 전혀 없었다고 해요. 룩셈부르크의 노선을 지지하는 사람들이 많지 않았고, 스파르타쿠스단의 봉기도 사전에 치밀하게 계획된 게 아니었기 때문이지요. 실상을 살펴보면 1919년 1월 5일, 룩셈부르크를 지지하던 독립사회민주당 소속 경찰국장을 정부가 해임하자 우발적으로 일어난 반응이 봉기로 이어진 것이었거든요. 처음에는 수십만 명의 노동자가 시위를 일으켜서 러시아처럼 혁명이 성공할 것으로 기대했으나, 내부의 의견 대립과 동조 세력의 규합 실패 등으로 좌절됩니다. 혹자는 룩셈부르크의 지나치게 비타협적인 태도가 오히려 나치당(1919년부터

13 베를린의 모인 스파르타쿠스단원들

사회민주의 수정주의적 이상과 러시아볼셰비즘과 구별되는 독자적 공산주의를 조직하던 이 조직의 봉기가 실패해 스파르타쿠스단은 꺾이고 베를린 전체에서 붉은 깃발이 올랐다.

1945년까지 존재한 당으로 정식 명칭은 국가사회주의독일노동자당이다)
의 집권을 초래했다고 비판하기도 해요. 봉기 이후에 생존자를
중심으로 한 공산당이 나치당과 극렬하게 대립하는데 그 와중
에 나치당은 공산당과 달리 연립정부에 참가하면서 결국 히틀
러가 정부를 장악합니다. 그러나 그 책임을 룩셈부르크와 그 지
지들에게만 돌리는 것이 공평하지는 않겠지요.

거울의 방에서 태어난 바이마르 공화국

좀 더 예전으로 돌아가 보도록 합시다. 2장에서도 언급
했는데 프랑스 제국의 황제였던 나폴레옹 3세는 프로이센-프
랑스 전쟁에서 패해 포로로 잡힙니다. 이후 프로이센의 왕이던
빌헬름 1세는 1871년 1월 베르사유 궁전의 거울의 방에서 대관
식을 치르고 독일 제국의 황제가 됩니다. 그때의 대관식은 독일
의 민족주의와 군국주의가 프랑스 혁명 이래로 싹트던 민주적
인 개혁 요구를 말살시키는 출발점이 되었다고 볼 수 있어요.

프로이센-프랑스 전쟁이라면 알퐁스 도데의 《마지막
수업》이란 소설의 배경이 됐던 전쟁인가요?
그렇습니다. 예전에는 보불전쟁이라고도 불렀어요.

《마지막 수업》은 프랑스가 전쟁에서 패하자 전쟁 배상금의 일부로 프랑스의 알자스-로렌 지방이 독일로 넘어가게 됐던 시기를 배경으로 한 소설이지요. 이제 더는 프랑스어로 수업을 하지 못하게 된 아멜 선생님이 마을 어른들이 지켜보는 가운데 프랑스어로 된 마지막 수업을 진행한다는 이야기입니다.

그러나 사실 이에 대해서는 말이 많습니다. 전쟁에서 패해 알자스-로렌 지방이 독일에 넘어간 것은 사실이지만 그 지방은 원래 오랫동안 독일의 땅이었기 때문이지요. 그 이전으로 거슬러 올라간 17세기 말, 독일의 땅이었던 알자스-로렌 지방을 침략한 프랑스는 독일어 대신 프랑스어를 사용하도록 강제했지만 실제로는 알자스어라는 독일어 방언을 사용하는 주민이 훨씬 더 많았다고 해요. 소설 주인공의 이름이 프랑스식인 프랑수아가 아닌 프란츠라는 독일식이었던 것만 봐도 소설에 나오는 마지막 수업은 실제로 일어났음직한 사건이라고 보기에는 조금 무리가 있지요.

  그렇다면 알퐁스 도데는 왜 그런 소설을 썼지요? 좋게 말해 각색이고 심하게 보면 왜곡이라 해도 과언이 아닐 것 같은데요.
  이 소설을 쓸 때의 프랑스 사람들은 전쟁에서 패배한 지 얼마 되지 않았기 때문에 독일인에 대한 감정이 좋지 않았지요. 베르사유 궁전에서 독일 황제가 대관식을 올리는 걸 가만히 보고 있어야 했던 것 외에도 전쟁 배상금 50억 프랑을 갚아야 했으니까요. 그래서 이 소설은 알자스-로렌 지방의 주민들의 상황과는 관련 없이 프랑스에 퍼져 있던 반독일 정서를 프랑스 작가가 작품에 반영한 결과물이라는 견해가 많아요. 《마지막 수업》은 우리에게 일제감정기 시절 한국어 수업을 하지 못하게 한 일제의 정책을 상기시켜서 우리나라에서도 많이 읽혔지만 역사적 배경은 전혀 달랐던 거지요.

그래서 일본인들이 한국에서 일본어로 마지막 수업을 하면서 슬퍼한다는 패러디가 만들어졌던 거군요. 소설도 얼마나 시대적 배경을 알고 읽는지에 따라 이해의 깊이가 달라지겠네요.

그렇죠. 게다가 알자스-로렌 지방 사람들은 더 이상 독일도 프랑스도 아니라면서 독립된 공화국을 선포한 적도 있거든요. 제1차 세계대전이 끝난 뒤 이 지역은 다시 프랑스에 반환되었고 제2차 세계대전 중 독일에 합병되었다가 제2차 세계대전 후 주민투표를 통해 프랑스 영토가 되었다고 해요.

그런데 빌헬름 1세가 대관식을 올린 베르사유 궁전의 거울의 방은 훗날에도 등장합니다. 제1차 세계대전에서 독일이 패한 뒤 1919년 6월 28일 베르사유 궁전 거울의 방에서 프랑스와 영국을 주축으로 하는 연합국과 독일과의 사이에 평화조약이 체결되었거든요. 조약을 체결할 때 연합국이 독일에게 지나치게 많은 배상금을 요구한 것이 독일 국민들이 히틀러를 지지하게 된 원인 중 하나라고 합니다.

그런데 거울의 방은 왜 그런 중요한 역사의 현장으로 사용되었나요?

베르사유 궁전에 있는 거울의 방은 루이 14세 때 만들어졌는데 왕족의 결혼식이나 외국 사신의 접견에 사용되는 장소였지요. 방을 꾸미는 데 400장이나 되는 거울이 필요했다는데 당시에 만들어진 가장 큰 거울이 사용되었다고 하죠. 그러니까 그 방은 프랑스의 위상이나 부를 과시하는 데 사용되는 장소였던 거지요. 프랑스 역사의 심장이라고 할 만한 곳에서 독일이 승전국 자격으로 조약을 맺었다면 상징적인 의미가 굉장히 크겠죠? 때문에 거울의 방은 역사의 현장에 빈번하게 등장한 겁니다. 독일군 육군참모총장이자 훗날 바이마르 공화국의 제2대 대통령이 되는 힌덴부르크 장군과, 참모차장이었던 루덴도르프 장군은 당시 사실상 황제로부터 전권을 부여받았고 마음만 먹으면 집권해도 충분할 만큼의 세력을 가지고 있었다고 해요. 그런데 제1차 세계대전에서 독일의 패배가 명백해지던 1918년 9월, 두 사람은 독일 제국의 총리 헤르틀링과 외무장관 힌체를 사령부로 불러들여서 종전 협상을 시작하라고 조언하였지요. 여기서 힌체는 미국의 윌슨 대통령을 설득하기 위해서는 의회의 다수파가 내각을 구성해 민주주의로의 개혁을 위한 평화를 청원하는 방법이 좋겠다는 아이디어를 내놓았어요. 패전에 대한 책임을 군부가 지지 않고 의회의 다수파에게 떠넘길 수 있는 좋은 방법이었지요.

왜 그런 방법이 윌슨 대통령을 설득할 수 있을 것이라고 봤나요?

윌슨 대통령은 전쟁이 끝나기 전인 1918년 1월부터 14개조 평화안이라는 걸 제시해 왔어요. ① 비밀외교의 배척 ② 공해에서 항해의 자유 ③ 경제적 장벽의 제거와 무역의 평등 ④ 민족자결주의 원칙 ⑤ 국제연맹의 창설처럼 이상주의적인 내용이 담겨 있었지요. 따라서 윌슨 대통령을 설득하기 위해서는 먼저 제국주의를 버려야 한다고 생각했던 거지요.

민족자결주의는 혹시 3.1 운동의 배경이 됐던 것과 같나요?

맞아요. 교과서에도 잘 나타나 있는 민족자결주의의 원칙은 '한 민족이 다른 민족이나 국가의 간섭을 받지 않고 자신의 정치적 운명을 스스로 결정하는 권리'입니다. 그래서 당시 열강의 지배를 받던 식민지인들에게 큰 희망을 주었고 일본의 지배를 받던 우리 민족도 자극을 받아 만세운동을 벌인 것이죠. 그러나 아쉽게도 윌슨 대통령이 말한 민족자결주의 원칙은 제1차 세계대전에서 패한 나라의 식민지에만 적용되는 것이었습니다. 독일을 비롯한 패전국이 내놓은 식민지를 승전국인 영국이나 프랑스가 차지하지 못하게 하려는 의도로 이 원칙을 주장한 것이지요. 당시 일본은 패전국이 아니었기 때문에 우리나라에는 적용되지 않는 원칙이었어요. 그래도 그 원칙 덕분에 많은 약소민족이 용기를 얻을 수는 있었지요.

국제간의 원칙은 상황에 따라 다양하게 해석되기도 하는군요.

대부분의 원칙이 상황에 따라 조금씩은 달리 해석될 여지를 남기지만, 특히 국제간의 원칙은 더 그렇다고 볼 수 있지요. 각자 자기 나라에 유리하게 해석할 테니까요.

힌덴부르크 장군의 제안에 따라 1918년 9월 29일 황제가 참석한 가운데 의회 총사령부에서 회의가 열렸습니다. 이 회의에서 다수파 출신 장관들로 구성된 내각제 정부를 만들기로 하고, 새로운 정부가 휴전 및 평화 청원을 제출하기로 결정되었지요. 사회민주당의 당수인 프리드리히 에베르트는 의회민주주의가 이루어지기만 한다면 패전의 책임까지도 자신이 떠맡을 수 있다고 판단하고 이 거래를 받아들이기로 했어요. 결국 빌헬름 2세가 바덴주의 막시밀리안 폰 바덴 공을 설득하여 임시 수상직을 맡기고 사회민주당 의원과 좌파 자유당, 중앙당 의원 출신으로 내각이 구성되어 10월 3일에 윌슨 대통령에게 휴전 및 평화청원을 보냈어요.

윌슨 대통령은 청원에 만족하였나요?

그렇지는 않았고 윌슨 대통령은 자기로서는 정말로 진지하게 독일 제국의 민주화가 받아들여진 것인지 의심스럽다면서 내부정책에서 더 많은 변화가 있어야 한다고 했습니다. 황제가 없어지지 않는다면 진짜 민주화도 이루어지지 않는다는 생각을 분명히 했지요. 그러자 이를 두고 독일에서 황제가 물러나야 한다는 의견과 그건 안 된다는 반대 의견이 팽팽히 맞섭니다. 이른바 황제 논쟁이라는 거지요. 그 외에도 최후까지 한 번 더 싸우자는 주전파와 이제 그만 전쟁을 끝내자는 종전파 사이의 대립도 있었습니다.

그러는 사이 10월에는 킬(Kiel)과 빌헬름스하펜에 정박 중이던 해군 수병들이 상부의 출항 명령을 거부하고 혁명위원회를 만들어서 함대와 도시를 장악하는 일이 일어났어요. '킬 군항의 반란'이라고도 불리는 사건입니다. 처음에 이들은 영국 함대에 맞서 한 번 더 전투를 벌이겠다는 해군 지휘부의 결정에 반대하는 폭동을 일으켰는데, 전시재판소가 이들에게 사형을 선고하려 하자 더 크게 반발했지요. 군인이 명령을 거부한 것은 처벌할 만하지만, 수병 입장에서는 패전이 짙어진 와중에 출항하라는 명령은 죽으라는 것과 다름없었기에 거부한 겁니다. 이 사건을 기점으로 대부분의 지역에서 혁명이 일어났고 군대에는 병사 평의회가, 공장에는 노동자 평의회가 만들어졌어요. 11월에는 베를린에서도 총파업이 벌어지고 노동자들은 도심에서 데모를 벌였지요. '독일 11월 혁명'이라는 이름이 붙은 이 사건은 아무도 예상하지 못했던 일이었어요.

바덴 공은 사회주의 혁명을 피하기 위해서 에베르트에게 임시 수상으로서의 권한을 넘겨주고자 했고 에베르트도 이를 받아들였지요. 11월 9일 사회민주당이 의사당에 모여서 이와 관련한 회의를 하던 도중, 사회민주당의 제2인자인 필립 샤이데만이 의사당 베란다에서 아래에 모인 대중을 향해 공화국의 출범을 선언합니다. 이후 황제였던 빌헬름 2세는 네덜란드로 망명하고 군주정이 폐지되었지요. 군대가 왕을 위해 더 이상 혁명 세력과 맞서 싸우지 않겠다는 내용을 보고받자 급히 망명한 거예요. 힌덴부르크 장군은 황제에게 차마 회의 내용을 전달할 수 없었고 대신 루덴도르프 장군의 후임이었던 그뢰너 장군을 보냈다고 하지요.

어쨌든 황제가 망명하자 다른 영주들도 농민 평의회와 병사 평의회의 요구에 어떤 저항도 없이 퇴위합니다. 이후 에베르트는 베를린 노동자 평의회와 병사 평의회 모임에서 선출된 6명의 민족 대리인 평의회장 자격으로 새로운 내각을 구성합니다. 임시공화국의 첫 번째 정부라고 할 수 있어요. 그런데 사실 에베르트는 샤이데만에게 헌법에 따른 회의를 거치지 않은 공화국 선언은 무효라고 주장했다고 해요.

그렇게 중요한 일을 아무런 상의도 없이 샤이데만이 독단적으로 발표하는 게 말이 되나요?

그러게 말입니다. 역사를 살펴보면 이렇게 중요한 순간에 예상하지 못한 일로 인해 사태가 걷잡을 수 없이 급격하게 진행되는 경우가 생깁니다. 샤이데만은 의사당의 발코니에서 군중을 내려다보며 "독일 민족이 완전한 승리를 거두었습니다. 낡은 쓰레기와 같은 군주제가 무너졌습니다. 군국주의를 처단하였습니다. 호엔촐레른 가문이 물러났습니다. 에베르트 의원이 제국 수상에 임명되었습니다. 여러분! 우리가 달성한 독일 공화국이 그 어떠한 것에도 위협받지 않도록 해 주십시오. 독일 공화국 만세!"라고 선포했다고 합니다.(네이버 지식백과) 그런데 사실 알려진 바에 따르면 샤이데만은 리프크네히트와 룩셈부르크가 이끄는 공산주의자들이 공화국을 선포하기 위해서 의사당으로 오고 있다는 소식을 듣자마자 공화국을 선포한 것이라고 해요. 이렇게 역사적 사건의 배경은 뒤늦게 알려지기도 하죠.

가장 현대적인 헌법

이후의 역사도 여전히 어이없이 흘러갔지요. 우선 정부는 군대와 손을 잡았습니다. 군부의 수장인 그뢰너 장군이 에베르트에게 지지 의사를 밝히자 베를린을 무장해제하고 스파르타쿠스단을 소탕하는 문제를 군대가 맡는다는 협상이 이루어집니다. 그러나 전쟁이 끝나고 베를린으로 돌아온 군인들은 다시 전투에 뛰어들기를 거부하고 집으로 돌아가 버렸어요. 그러자 군 최고지휘관 회의에서는 의용군을 조직하기로 합니다. 아무리 황제가 망명했고 군주제가 폐지됐다고는 하지만 어제까지 군주제를 받아들였던 사람이 하루아침에 민주제를 옹호하기란 쉽지 않잖아요? 군은 아직 황제에 대한 충성이 남아 있는 사람들의 생각을 자극해서 의용군을 모집합니다. 이들은 황제에게 충성하고 11월 혁명을 무력으로 되돌리려는 이들로 구성되었는데 바이마르 공화국의 신임 국방장관 노스케는 이들과 손을 잡습니다. 앞에서 리프크네히트와 룩셈부르크를 자유군단이 살해했다고 했죠? 그들이 바로 이 사람들입니다. 이들은 베를린에서뿐만 아니라 독일의 주요 대도시에서 에베르트와 노스케의 비호 아래 노동자 평의회와 병사 평의회 출신 행정부 인사들을 살해했다고 해요. 사회민주당의 당수였던 에베르트가 혁명이 급진적으로 흘러가는 것을 막기 위한 타협의 일환

으로 군부와 손을 잡은 결과이지요. 그래서 조용한 내전이라고
도 불립니다.

프랑스 혁명 때처럼 독일에서도 혁명은 결국 피를 불렀네
요. 새삼스럽지만 영국의 명예혁명이 정말 대단해 보여요.
권력의 성격을 근본적으로 바꾸는 것이 혁명이고 그
과정에서 권력을 얻는 사람도 있고 잃는 사람도 있기에 대부분
피를 부르는 결과를 초래하지요. 그런데도 평화롭게 권력이 이
양됐다는 점에서 명예혁명은 정말 대단한 것입니다. 당시 독일
은 공화국을 향한 열망도 부족했고 공산주의에 대한 두려움도
컸으니까 온건한 사회주의 또는 자유주의적 성향의 새로운 권
력자들과 군부가 타협하기 쉬웠던 거지요. 이후 공화국이 선포
된 뒤 이틀이 지난 11월 11일, 독일은 정전협정에 서명합니다.
그런데 당시 독일 국민들은 군부의 정보 공작으로 인해 승전 소
식만 듣고 있었습니다. 때문에 국민들은 이기고 있던 전쟁을 의
회정치를 주장하던 정치인들이 포기해 버렸다고 생각하게 돼
요. 협정 일주일 뒤, 독일이 패배한 원인을 밝히기 위해 소집된
청문회에서 "독일 군대는 등 뒤에서 칼에 찔렸다"는 힌덴부르
크 장군의 말은 이런 국민들의 정서에 불을 지르기에 충분한 것
이었고요.

왜 등 뒤에서 칼에 찔렸다고 한 거지요?

군인들은 충실히 전쟁에 임했고 승리가 얼마 남지 않았는데 공화제를 주장해 오던 정치인들이 정권을 잡고 전쟁을 포기했다고 호도하기 위해서였습니다. 11월 혁명의 결과로 독일은 어쩔 수 없이 굴욕적인 휴전 협상을 받아들여야만 했다는 게 그들의 주장이었고 루덴도르프 장군도 이 주장을 퍼뜨렸다고 합니다.

사실인가요, 아니면 요즘에도 자주 등장하는 가짜 뉴스였나요?

앞서 종전 협상을 진행하라고 했던 힌덴부르크와 루덴도르프 장군의 제안을 생각해 보면 1918년 8월경에는 이미 독일군의 패배가 확실시되고 있었습니다. 승리를 위해 싸우는 게 아니라 오로지 패전을 미루기 위해서 싸웠다고 하지요. 사기도 땅에 떨어져서 루덴도르프조차 회고록에 "군대를 더는 믿을 수 없다는 게 분명해졌다"라고 썼다는군요. 휴전을 청원하기로 합의한 것도 그런 판단에서였지요. 그래 놓고서 뒤에서 칼에 찔렸다고 했으니 가짜 뉴스임이 분명하지요.

제1차 세계대전 이후 독일과 함께 싸웠던 오스트리아-헝가리 제국이 패전 후 오스트리아, 체코슬로바키아, 크로아티아 등 여러 나라로 분리된 것과 달리 독일은 알자스-로렌 지방 같은 영토를 잃긴 했지만 하나의 국가로 살아남는 데는 성공했는데 이 것 자체도 기적에 가까운 일이었다고 해요. 사실 프랑스는, 독일은 파괴되어야 하며 라인강의 서쪽은 프랑스의 땅이 되어야 한다고 주장했을 정도로 강경했지만, 영국과 미국은 러시아에서 일어난 공산주의의 물결에 서유럽이 휩쓸리지 않도록 독일이 완충재 역할을 해 주기 바랐기 때문에 프랑스의 주장은 받아들여지지 않았습니다. 더구나 나라가 조각조각 나는 대신 막대한 배상금을 요구받고 전쟁으로 지친 독일이 머지않아 또 세계 대전을 일으킬 거라고는 예상하기 어려웠지요.

러시아는 제1차 세계대전 동안 관여하지 않았나요?
러시아도 초반에는 참전했지만 1917년, 레닌이 러시아로 돌아가면서 러시아 혁명이 일어난 후 상황이 바뀌었지요. 스위스에 망명 중이던 레닌은 제1차 세계대전에서 러시아가 패배하면 이를 이용해 러시아에서 전면적인 혁명을 일으킬 계획이었어요. 독일은 또 독일 나름대로 러시아에서 혁명이 일어나면 러시아가 내부의 혼란을 수습하기 위해 독일과의 전쟁을 계속하지 못할 것이라는 계산에서 레닌이 러시아로 돌아가는 것을 막지 않았습니다. 그도 그럴 것이 동부전선에서는 러시아와 싸우고 서부전선에서는 프랑스와 영국과 싸우느라 독일도 많이 지쳐 있었거든요. 독일은 귀국 열차에 오른 레닌에게 푸짐한

식사까지 대접했다고 하니 독일이 얼마나 러시아 혁명을 바랐는지 짐작할 수 있겠죠?

결국 독일은 러시아 혁명 다음 해인 1918년, 러시아와 평화조약을 체결했고 동부전선 전투에서 한숨 돌릴 수 있었습니다. 이렇게 러시아 혁명은 독일에게 대단히 유리한 사건이었습니다. 리프크네히트와 룩셈부르크가 살해당한 것을 보더라도 독일 내부에서는 공산주의 세력에 대한 반감이 심했다는 걸 알 수 있지만 러시아에서의 공산혁명은 바라는 이중적인 입장이었던 거지요.

사회민주당이 군부와 밀약을 맺고 룩셈부르크를 살해한 나흘 후인 1919년 1월 19일, 드디어 의회의원 선거가 실시됩니다. 스무 살 이상의 성인이라면 성별에 관계없이 누구나 참여할 수 있는 보통선거에 의한 선거였지요. 독일 역사상 처음으로 여성도 투표할 수 있는 선거가 이루어졌다는 의미입니다. 독일공산당을 제외한 모든 정당에서 후보를 낸 선거에서 사회민주당과 좌파 자유주의적 독일민주당의 연정 세력이 의석수의 76퍼센트를 차지합니다. 여성 의원들도 전체 의회의원 423명 중 41명이었다고 해요. 에베르트는 대통령으로 선출되었고 의사당에서 공화국 성립을 선포하는 연설을 했던 샤이데만이 수상이 되었어요.

이 공화국이 바이마르 공화국인가요?

그렇습니다. 제헌의회를 개최한 지역인 바이마르의

이름을 딴 바이마르 헌법이 제정됐지요. 그러나 당시에는 헌법의 제정보다 연합국과의 평화조약을 체결하는 게 시급한 문제였습니다. 제시될 조건에 따라 독일의 장래가 좌우되기 때문이었거든요.

조약의 내용은 어떻게 결정되었나요?

1919년 5월 독일 대표단에게 전달된 베르사유 조약의 내용은 독일 사람들을 충격에 빠뜨렸어요. 독일은 ① 영토의 13퍼센트를 내주어야 했고 ② 해외 식민지를 모두 포기해야 했으며 ③ 독일 군대는 육군 10만 명과 해군 1만 5000명으로 제한되었고 ④ 거액의 배상금을 물어야 했습니다. 그런데 배상금은 독일 관리들이 예상한 300억 마르크를 훨씬 뛰어넘는 1320억 마르크를 매년 20억 마르크씩 66년 동안 지불하기로 최종 결정되었습니다. 조약의 내용이 전해지자 국민들은 대통령이나 수상, 외무장관들 모두 조약의 서명을 거부해야 한다고 주장했어요. 또 독일 국민들에게 영토 상실이나 전쟁 배상금보다 더 받아들이기 어려웠던 것은 독일의 황제를 전범으로 다루는 연합국들의 태도였다고 해요. 패전국으로 대우한 것이 아니라 형벌을 받는 피고인처럼 취급했다는 거지요.

독일 의회는 국민들의 요구에 부응했나요?

아니요. 1919년 6월 의회에서는 표결 끝에 237명이 찬성, 138명이 반대하여 조약이 받아들여집니다. 만약 조약을 거부하면 연합군이 독일을 점령하고 분할할지도 모른다고 생각한 결과였지요. 이후 힌덴부르크 장군 등의 주장처럼 등 뒤에서 칼에 찔렸다는 불만이 독일 국민들에게 퍼져 나갑니다. 사실이 아닌 루머가 독일 국민들에게 받아들여지면서 에베르트 정부에 대한 반감도 커져 갔지요. 독일 국민들은 정치인들이 연합국들과 손잡고 공화국이라는 체제를 받아들이는 것을 자신들에게 강요했다고 생각했기에 민주주의나 공화국에 대한 반감도 커졌습니다. 이전에는 공산당 쪽에서 나왔던 위협이 이제부터는 공화국을 부정하고 민족주의적인 선동을 하는 세력들에서 나오게 되었지요.

한편 1919년 1월 19일에 선출된 의회는 2월 6일에 첫 의회를 베를린이 아닌 바이마르에서 열었습니다. 새 헌법은 1919년 7월 31일에 의회를 통과했고, 8월 11일 대통령 에베르트가 서명했으며, 8월 14일에 공포되었지요. 이 공화국이 바이마르 공화국으로 불리고 이때 승인된 헌법이 바이마르 헌법이라고 불리는 이유입니다.

그런데 왜 바이마르에서 의회가 열린 거예요?

전쟁이 끝났지만 베를린은 시가전이 이어지는 등 여러모로 안정되지 않았어요. 그래서 베를린 대신 조용하고 안정적인 바이마르의 국립극장에서 제헌의회를 열었다고 해요. 바이마르는 괴테나 쉴러가 활동하면서 독일문화를 한 단계 끌어올린 독일의 정신적 수도 같은 곳이니 그 장점을 활용하자는 생각도 있었겠지요. 바이마르 헌법의 초안은 법학자 출신으로서 당시 내무부 차관이었던 휴고 프로이스가 주도해서 만들어졌습니다. 바이마르 헌법은 내용에 있어서는 가장 현대적이었다고 하지만 당시 국민들에게는 큰 관심사가 아니었지요. 국민들의 관심은 오로지 베르사유 조약에 동의할 것인지 여부에만 쏠려 있었다고 해요.

당시 세계에서 가장 민주적이고 현대적인 헌법이라는 평가를 받은 바이마르 헌법은 크게 국가권력 구조와 국민 기본권 두 가지를 뼈대로 해서 만들어졌지요. 먼저 권력 구조의 면에서 보면 대통령을 직접선거로 선출하고 그렇게 뽑힌 대통령은 행정부를 구성하고 총리를 임면할 수 있는 권한과 의회해산권, 비상사태의 경우 입법에 대신하는 명령을 발동할 수 있는 긴급명령권 등 막강한 권한을 가지도록 했지요.

또 의회에는 상원과 하원을 두기로 했는데, 상원은 하원에 대한 거부권을 행사할 수 있는 권한만을 가지며, 주 정부의 대표로 구성되었어요. 반면 하원은 정확하게 정당의 득표에 비례해서 구성되는 비례대표제로 구성되었고, 내각불신임권을 가지고 있어서 의회가 내각이나 총리, 개별 장관에 대하여 불신임결의

를 하면 즉각 사직해야 하도록 규정하고 있었지요. 그래서 통치
구조는 내각책임제와 대통령제가 혼합된 이원정부제의 형태를
가지고 있었어요.

바이마르 정부를 이원정부제라고 보는 이유를 좀 더
설명해 주세요.

이원정부제란 행정권이 대통령과 내각에게 나뉘는 정
부 형태를 말하는데요. 바이마르 정부에서는 대통령이 총리임
면권을 가지지만 비상시가 아니면 총리가 전적으로 통치를 하
는 형태였지요. 평시에는 내각책임제였다가 비상시에는 대통령
제의 모습을 띠는 방식을 따르고 있었습니다. 그러나 바이마르
헌법에서 예정한 권력 구조는 몹시 취약했어요. 하원을 완전한
비례대표제로 구성한 탓에 의원수가 과반수를 차지하는 다수당
이 나오기 어려웠지요. 한두 개의 거대 정당 대신 소규모인 여러
정당의 난립으로 의회에서 의견이 일치되기 어려웠고 연립정부
를 구성하더라도 그 연립이 불안정했어요.
반대로 공화국에 적대적인 세력이 원내 과반수를 차지하면 긴
급명령권을 발령하여 공화국 체제 자체를 끝낼 수도 있었습니
다. 나치당이 정권을 잡을 수 있었던 것이 바로 이런 허약한 권
력 구조 때문이지요. 히틀러는 긴급명령권을 발동하여 수권법
(법률을 제정할 수 있는 권한을 행정부에 위임하는 법률)을 만들고 이

후 의회를 거치지 않고 법률을 스스로 만들어 집행하였습니다. 나치당이 패망한 제2차 세계대전 이후 현재의 독일이 채택한 헌법은 기본법이라고 불리는데, 기본법에서는 바이마르 헌법의 이런 허약한 구조를 고쳐서 규정했지요.

어떻게 구조를 보완했나요?

먼저 정당 득표율이 5퍼센트 미만인 정당은 비례대표 의석을 얻을 수 없게 해서 정당의 난립을 예방하는 조치를 해 두었고, 의회가 해산되어도 내각이 유지되며 해산될 때 필수적 으로 다음 정부의 구성안을 함께 제출해 의회의 승인을 받도록 해서 내각이 불안정하게 방치되지 않도록 했지요. 대통령의 긴 급명령권도 폐지했어요.

바이마르 헌법이 가장 현대적인 헌법인 이유는 뭔가요?

그건 당시로서는 상당히 앞서간다고 평가받는 기본권 규정 때문입니다. 여성의 참정권을 보장했다는 것 외에도 20세 기 초반에 나오기 어려웠던 여러 개념이 헌법에 반영돼요. 먼저 "독일 국민은 법 앞에 평등하다"라고 하면서 성별, 신분 등에 의 한 차등은 폐지한다고 하였고(제109조), 국내에서의 이전의 자유 를 규정했으며(제111조), 국외에 이주할 권리도 규정했지요(제112 조). 신체의 자유는 법률에 정한 경우 외에는 침해되지 않으며(제

114조), 주거는 안식처로서 침해되지 않는다는 주거의 자유(제115조), 법률에 의해 정해진 형벌이 아니면 형벌을 가할 수 없다는 죄형법정주의원칙(제116조), 언론·출판의 자유(제118조) 등도 규정되었어요. 또 경제적 자유(제151조)와 소유권의 보장(제153조) 등을 규정하면서도 인간다운 생활을 할 권리(제151조), 공공복리에 적합한 범위에서 소유권의 행사(제153조) 등도 함께 규정했지요. 노동력의 보호(제157조), 노사의 동등권(제165조) 등의 조항도 넣어 두어서 사회권이라는 제3세대 인권을 보장한다고 할 수 있었어요. 때문에 현대의 많은 나라는 바이마르 헌법의 사회권 보장 조항을 그대로 따르고 있다 할 수 있습니다.

민주주의를 보장하지 못하는 민주주의

바이마르 공화국은 그렇게 훌륭한 헌법을 만들고도 왜 히틀러의 집권과 제2차 세계대전을 막지 못했던 건가요?

앞서 언급했듯이 권력 구조 부분에서 대중의 지지를 얻은 정당이 다수당이 되어서 대통령과 힘을 합쳐 긴급명령권을 발동하면 그다음부터는 민주주의적 운영이 어려워진다는 치명적인 문제가 있었지요. 결국 이를 악용한 히틀러의 선동에 독일 국민들이 넘어갔습니다. 바이마르 헌법이 밝힌 기본권에 대해서도, 바이마르 헌법이 자유주의 성격을 강하게 띠고 있어서 사회권을 열거했지만 그것을 보장하는 규정이 충분하지 않다는 평가도 있어요. 또한 근대국가로 전환되는 시대적 상황을 충분히 담지 못했고 전통적인 정치·사회적 집단들 사이의 타협에만 그쳤다는 비판도 있지요.

> 철두철미하다고 평가받는 독일인인데 독일 국민들이 너무 쉽게 히틀러의 선전선동에 말린 것은 이해하기 어려워요.

일단 독일인들은 헌법의 제정에 특별한 관심을 보이지 않았지요. 군부의 정보 통제로 패전의 실상 대신 승전 소식만 듣고 있다가 갑자기 전쟁이 끝나고 조국이 패전국으로 전락했다는 사실을 알게 되었다고 했죠? 그리고 그 패전은 공화제나 민주주의를 주장하는 정치인들이 조국을 배신했기 때문에 이루어진 것이라고 생각했고요. 그래서 국민들은 바이마르 체제에 대해 비협조적이었고 자유군단처럼 일부 사람들은 왕정이나 군부 독재에 대한 향수를 갖고 있었다고 해요. 이에 베르사유 조약에 대한 투쟁이 마치 민주주의에 대한 투쟁처럼 여겨졌다고도 합니다. 힌체의 아이디어를 받아들인 루덴도르프의 작전이 성공한 거였어요. 독일 공산당 세력도 룩셈부르크의 사망 이후 더욱 과격해져서 결국 민주공화국을 지키려는 세력 대신 나치당과 공산당으로 대표되는 극우와 극좌 세력만 남게 되었던 것이지요.

바이마르 공화국의 해체 과정은 민주주의가 대중과 함께 가지 않으면 극단적인 세력에게 어떻게 이용당하고 몰락하는지를 잘 보여 주는 교과서적인 사례라고 할 수 있겠습니다.

민주주의를 지켜 나가기란 쉬운 일이 아니네요.

우리가 바이마르 공화국의 해체 과정을 공부해야 하는 이유가 민주주의를 지켜 나가는 방법을 배우기 위한 데 있지요. 바이마르 공화국이 지속되는 14년 동안 열여섯 차례나 내각이 바뀌는 등 정부를 유지하는 게 대단히 불안정했죠.

당시 독일 정국 자체가 너무도 불안정하고 혼란스러웠습니다. 베르사유 조약에는 군대를 축소해야 하는 조항이 있다고 했잖아요? 이에 독일 정부는 자유군단 소속이었던 군인들을 해산시키려 했는데 극우 정치인의 주도로 쿠데타가 일어나 바이마르 정부가 베를린에서 슈투트가르트로 피신하기도 했어요. 쿠데타는 5일 만에 실패로 돌아갔지만 이후로도 좌우 급진 세력에 의한 반란이 여러 차례에 걸쳐 일어났지요.

1920년 6월에 열린 선거에서 바이마르 공화국을 지지하는 정당들의 의석수는 대폭 줄어들었고, 극우파와 극좌파가 각각 전체 의석수의 28퍼센트와 20퍼센트를 차지합니다. 그때부터 사회민주당은 연합정부의 구성원이 되지 못했고 중도우파 정부가 들어서게 되었지요. 이렇게 사회민주당은 리프크네히트와 룩셈부르크를 희생시키고도 오래가지 못했어요.

이후 연합국 측이 책정한 전쟁 배상금이 1320억 마르크라는 것이 발표되자 정부 지지도는 더욱 감소하고 극우파에 의해 종전협정에 관여한 정치인과 외무장관이 암살되는 등 정치적 테러가 일어나기도 했어요. 게다가 한시라도 빨리 배상금 문제를 털어 내고 싶었던 바이마르 정부는 지속적으로 인플레이션 정책을 추진합니다. 물가는 오르고 돈의 가치는 계속 떨어지니 손수레에 돈을 가득 담아 가져가도 고작 감자 몇 개, 계란 몇 알만 살 수 있었다는 이야기를 들어 봤지요? 바이마르 정부는 이렇게 스스로를 배상금 지불이 불가능한 상태로 만들어서 전쟁 배상금 문제를 해결하려 했어요. 그러면서도 공장은 계속 가동했기 때문에 생산활동은 계속되었지요. 그래서 인플레이션으로 가장 많은 고통을 받은 계층은 현물이 아닌 저축 자산을 가진 중산층이었다고 해요.

연합국 측은 이런 독일의 정책을 그대로 보고만 있었나요? 아무리 독일을 옥죄는 게 목적이었다고는 하지만 이렇게 가면 배상금도 제대로 받지 못해 전후 복구에도 큰 걸림돌이 되었을 것 같아요.

프랑스는 나름 조치를 취했는데 오히려 그 조치가 더

큰 문제를 가져옵니다. 독일로부터 배상금을 제대로 받아 내지 못하자 프랑스는 돈 대신 현물을 요구합니다. 1923년 1월, 독일 최대 탄광지대였던 루르 지방을 점령하고 생산된 석탄을 가져가는 일이 생기자(루르 점령), 이에 바이마르 정부는 소극적이나마 저항하기로 하고 루르 지방의 정당과 노동조합으로 하여금 점령군에 저항하도록 지원했어요. 그런데 총파업을 결의한 노동자를 지원하기 위해 화폐를 더 찍어 낸 것이 인플레이션을 넘어선 초인플레이션을 가져왔기에 상황은 더욱 악화됩니다. 돈을 지불하고 난방용 석탄을 사는 대신 돈을 태우는 게 더 싸게 먹힌다는 것을 알게 되자 난로에 지폐 뭉치를 넣는 웃지 못할 상황이 벌어지기도 합니다. 화폐 경제라는 개념 자체가 사라진 것이지요.

안 그래도 엉망진창이었던 독일 경제가 더욱 나락으로 떨어지자 어쩔 수 없이 독일은 소극적 저항을 그만두고 화폐개혁을 단행합니다. 연합국도 전쟁 배상금 문제를 재조정하기로 결정하고 프랑스도 루르 지방에서 물러났지만 독일인들의 바이마르 공화국에 대한 회의는 사그라들지 않았지요. 이때 국민들의 호응을 얻은 이가 국가사회주의독일노동자당의 대표인 아돌프 히틀러입니다.

갑자기 히틀러를 따르는 이들이 나타난 게 아니라 이미 나치당이 있었다는 건가요?

네. 나치당은 당시에도 이미 1만 명 정도의 당원이 있었다고 해요. 히틀러는 1921년부터 당의 수장이었는데 1923년 11월 8일 밤 뮌헨의 맥주홀에서 주지사가 집회를 열고 있을 때 맥주홀을 포위하고 혁명을 선언했지만 실패했어요(맥주홀 폭동). 히틀러는 재판을 받고 금고 5년형을 선고받았지만 9개월 후 석방되었지요. 이때 그가 옥중 수기로 출판한 것이《나의 투쟁》입니다.

아무리 사회가 혼란스러웠다지만 독일 국민들이 나치당에게 열광하고 히틀러를 지지하게 된 이유는 무엇인가요?

1924년부터 1929년까지 독일은 미국에서 돈을 빌려서 전쟁 배상금을 갚아 나갔습니다. 총 100억 마르크의 배상금을 갚았고 미국으로부터 빌린 돈은 250억 마르크에 달했지요. 다행히도 독일 경제가 되살아나서 수출이 잘되는 편이라 전쟁 직후의 어려움이 지나가자 서서히 안정을 찾아가는 듯했지요.

그러나 1929년 미국에서 일어난 대공황으로 독일은 다시 경제적 어려움에 맞닥뜨렸어요. 미국으로부터 받던 대출금이 갑자기 끊겼고 단기 대출금의 상환 날짜가 돌아오자 이를 제대로 막지 못한 독일 기업들은 줄줄이 파산합니다. 이 같은 상황이 낳은 경제적 고난은 사람들이 히틀러에게 열광하는 결과를 낳았지요.

히틀러에게 뭔가 특별한 점이 있기라도 했나요? 경제

문제를 일거에 해소할 수 있는 경제 전문가라면 모르겠지만 그는 미대 지망생이었다고 하던데요.

그 부분이 참 신기한데, 1930년 9월 14일 열린 총선에서 히틀러만이 가난에 대응하겠다고 약속한 유일한 정치인이어서 많은 지지를 받았다고 해요. 공황 이후 경제가 어려워지자 민족주의가 다시 고개를 들기 시작했고 이것이 대중을 히틀러에게 모이게 만든 또 다른 이유였어요. "독일은 제1차 세계대전에서 승리해야 했고 승리하는 게 당연했는데 정치인들이 배신해서 승리를 빼앗겼고 언젠가는 빼앗긴 승리를 되찾아 와야 한다"는 히틀러 측의 주장이 사람들을 사로잡은 거지요.

그때부터 히틀러가 속한 나치당이 제1당이 되나요?

그건 조금 더 뒤의 일입니다. 1925년 에베르트 대통령이 사망한 뒤 치러진 선거에서 힌덴부르크 장군이 새 대통령으로 선출되었어요. 당시 군부에서는 힌덴부르크가 대통령에서 한 발자국 더 나아가 대리 군주가 되면 좋겠다고 생각할 정도로 힌덴부르크에 대한 지지가 대단했다고 해요. 강력한 리더십을 가진 사람을 원하는 사회적 분위기가 일고 있었지만 정작 힌덴부르크 대통령은 지지자들의 기대와는 달리 군주제의 도입을 위해 적극적으로 달려들지는 않았다고 해요.

그러자 힌덴부르크 대통령의 조언자였던 슐라이허 장군은 우파 성향의 정당인 중앙당의 당수 하인리히 브뤼닝에게 힌덴베르크 대통령의 임기 동안 헌법을 바꾸고 의회의 권한을 빼앗아 군주제를 되살려야 한다고 주장합니다. 의회를 연달아 해산시켜서 무력하게 만들고 쿠데타를 통해 옛날 군주제 같은 순수한 대통령제 헌법을 만들어야 한다고 설득하지요. 힌덴부르크 대통령은 슐라이허의 조언에 따라 브뤼닝을 총리로 지명했어요. 그리고 브뤼닝은 헌법 제48조의 국가긴급권 조항에 따라 의회의 입법권을 무시할 수 있는 권한을 대통령으로부터 부여받아요. 내각책임제였던 바이마르 공화국이 대통령 중심제로 바뀌게 된 것이지요.

그러나 1929년 10월 '검은 목요일'이라고 불리는 대공황이 시작되자 브뤼닝은 대공황을 이용하여 전쟁 배상금을 갚지 않을 방안을 찾는 게 쿠데타보다 시급하다고 판단하고 이를 위해서 대중의 반발을 무릅쓰고 긴축 재정과 임금 상승 억제 정책을 쓰기로 했지요. 그러자 의회에서 브뤼닝을 불신임하는 결의를 했고 대통령은 의회를 해산합니다. 바이마르 헌법하에서 가장 염려했던 사태가 생긴 거지요.

군주제를 되살리기 위해서 의회를 연달아 해산시키는 방법을 쓸 작정이었던 브뤼닝이 같은 방법으로 당한 건가요?
아직 브뤼닝이 총리직에서 물러난 건 아니었어요. 다

만 의회가 해산되자 1930년 9월의 총선이 실시되었지요. 그런데 여기서 나치당은 17석에 불과했던 의회 내 의석을 107석으로 늘리는 데 성공해 독일 제2의 정당이 됩니다. 전체 유권자 중 18퍼센트의 지지를 얻은 결과였지요. 놀란 슐라이허는 브뤼닝에게 히틀러가 더 강해지기 전에 군주제를 정착시키기 위한 쿠데타를 일으키라고 조언했지만, 브뤼닝은 연합국으로부터 배상금을 삭감받는 일이 더 우선이라고 생각해 망설였지요.

1932년의 대통령 선거에서 힌덴부르크 대통령이 재선에 성공하자 슐라이허는 힌덴부르크를 설득해 브뤼닝을 밀어내고 프란츠 폰 파펜을 새로운 총리로 임명하도록 했어요. 파펜은 브뤼닝과는 반대로 즉시 쿠데타를 일으켰고 맨 먼저 의회를 해산했지요. '프로이센 쿠데타'라고 불리는 이 사건으로 독일의 우경화는 걷잡을 수 없이 심해집니다. 이후 1932년 7월 치러진 총선에서 나치당은 전체 유권자의 37퍼센트에게 지지를 받아 의회에서 230석을 차지하는 제1당이 되었어요. 뒤이어 사회민주당은 133석을, 공산당은 89석을, 중앙당은 97석을 확보하지요.

드디어 히틀러가 총리가 되었겠네요.

파펜은 히틀러에게 내각의 두 자리를 주겠다고 제안했으나 히틀러는 힌덴부르크에게 총리 이외에는 받아들일 수 없다고 하였지요. 의회는 해산되기 전 파펜 총리에 대한 불신임결의를 통과시켰고 결국 파펜 대신 슐라이허가 새 총리로 임명됐지요. 11월의 선거에서는 나치당이 크게 패했으나 힌덴부르크 대통령은 헌법 제48조의 국가긴급권을 달라는 슐라이허의 요청을 거절하고 파펜에게 의회의 지지를 받는 정부를 구성하도록 위임했고, 히틀러는 자신을 총리로 임명하면 연립내각에 참여하겠다고 했어요. 힌덴부르크 대통령은 1933년 1월 히틀러를 총리로 임명하고 새 정부를 구성하라고 명령했지요. 이날이 바로 바이마르 공화국이 사실상 멸망한 날이라고 볼 수 있습니다.

의회가 총리에 대해 불신임결의를 하면 대통령은 의회를 해산하는 일이 되풀이됐군요.

바이마르 헌법의 내각책임제적 성격이 당시 독일의 상황에서는 커다란 혼란을 불러왔지요. 그리고 히틀러는 이를 핑계 삼아 1933년 3월에 열린 의회에서 수권법을 통과시킵니다. 여기에는 사회민주당을 제외한 전체 의원이 찬성했기 때문에 최종적으로는 투표자의 5분의 4를 넘는 찬성표를 얻었지요. 의회 스스로가 의회정치를 부인했던 것입니다. 1933년 6월에는 사회민주당이 법으로 금지되어 해산되었고 간부들은 집단 수용소로 끌려가게 되었지요.

도대체 왜 독일 국민들은 그런 선택을 한 거죠?

사실 그들조차 당시의 그런 선택을 이해하지 못했다고 하지요. 그들은 당시의 분위기는 제대로 정의되거나 확실하게 잡히거나 하지 않는다고 스스로 말하고 있어요. 공중에 떠도는 가스 같은 것이었다고 하지요. 민주주의를 지지하던 정치가들도 자신들이 물러나야 한다고 생각했다 하고 당시 독일인들은 자신들이 "민주주의에서 구원되고 해방되었다는 감정"을 느꼈다고 해요.(《비스마르크에서 히틀러까지》, 제바스티안 하프너 지음, 안인희 옮김, 돌베개, 2016) 철학자 에리히 프롬이 '자유로부터의 도피'라고 이름 붙인 심리지요. 같은 이름의 책도 있으니 쉽게 살펴볼 수 있을 겁니다.

하프너는 이러한 독일인들의 모습을 두고 당시 사람들은 1933년 이전의 정치적 불확실성에 대해 몹시 피로한 상태였다고 설명하고 있어요. 민주주의든 전체주의든 확고한 손길과 확고한 의지를 지닌 지도자를 원했다는 거지요. 1934년 8월 힌덴부르크 대통령이 사망하자 히틀러는 바로 총리직과 대통령직을 통합한 총통직에 오릅니다. 정치인들이 사람들을 선동하고 지식인들이 무감각해져 버리면 사람들은 제대로 된 선택을 하기 어려워지게 된다는 걸 보여 주는 사례지요.

케테 콜비츠는 둘째 아들을 제1차 세계 대전에서 잃고 건강이 극도로 나빠졌을 | 깨달은 뒤 작품에 반전과 평화를 담아내기 시작했다. (1937~1938, Neue Woche)

평생 평화를 꿈꾼 케테 콜비츠

　　로자 룩셈부르크는 1871년 폴란드에서 태어나 스위
스에서 공부하고 나중에 독일 시민권을 취득했지요. 케테 콜비
츠는 비슷한 시기인 1867년, 지금은 러시아 영토로 칼리닌그라
드라고 불리지만 당시에는 독일 영토였던 쾨니히스베르크에서
태어나서 베를린에서 주로 작품 활동을 한 판화가였어요.

　　칸트가 평생 살던 곳에서 이번에는 케테 콜비츠가 태
어나네요.

칸트가 평생 동안 도시 반경 30킬로미터 밖으로 나가 본 적이 없다는 이야기는 유명하지요. 콜비츠는 바로 그 쾨니히스베르크에서 14세 때부터 판화와 회화를 배웠고 나중에는 주로 판화가로 활동했어요. 콜비츠의 외할아버지는 보수적인 프로이센에서 독일 최초의 자유교회를 만든 분이고, 그녀의 아버지는 공직을 그만둔 뒤 그 교회의 후임자가 되신 분이지요. 그분들의 영향을 받아서인지 콜비츠의 작품은 처음부터 가난하고 힘없는 사람들의 모습을 그대로 담고 있어서 높은 평가를 받았어요. 1914년 제1차 세계대전에 참전한 둘째 아들이 죽자 가난과 질병 이외에 전쟁도 작품의 중요한 소재로 삼으면서 세계 최초의 반전화가라는 평가를 얻었지요. 제2차 세계대전이 발발한 후 1940년에 남편이 죽고 1942년에는 독소전쟁에서 손자를 잃은 고통을 겪었고 자신도 전쟁이 끝나기 2주 전인 1945년 4월 22일 세상을 떠났어요. 《아Q정전》으로 유명한 중국의 작가 루신은 1930년대에 이미 케테 콜비츠를 중국에 소개하기도 했습니다.

케테 콜비츠의 작품 중에서 바이마르 공화국의 정치적 상황과 관계된 것들도 있나요.
〈카를 리프크네히트를 추모하며〉라는 작품이 있어요. 동판화로 제작된 것도 있고 목판화로 제작된 것도 있는데, 누워 있는 카를 리프크네히트를 향해 고개를 깊이 숙이고 애도하는

콜비츠는 전쟁 일변도로 치닫는 전체주의에 맞서며 약자에 대한 따뜻함을 잃
지 않고 작품에 담았다. (1919-1920, Art Institute of Chicago)

15 키를 리프크네히트를 추모하며

DIE LEBENDEN DEM TOTEN . ERINNERUNG AN DEN 15. JANUAR 1919

사람들의 모습이 새겨져 있지요. 판화 아래에는 독일어로 "산
자가 죽은 자에게, 1919년 1월 15일을 추억하며"라는 글귀가
새겨져 있습니다. 어렸을 때 아버지에게 들었던 시 〈죽은 자가
산 자에게〉의 제목을 뒤바꾼 것이라고 해요.

　　　케테 콜비츠는 리프크네히트와 가까운 관계였나요?
　　　콜비츠의 일기를 보면 1918년 11월 23일자로 그의 연
설을 들었다는 기록이 있는데, 그의 연설을 두고 빠르고 조급하
게 들렸고 선동적이었다고 쓴 것을 보면 그다지 호감을 느끼지
는 않았던 것 같아요. 2주 후의 일기에는 "만일 에베르트의 독
재와 리프크네히트의 독재 중에서 하나를 선택하라고 한다면

나는 단연 에베르트의 독재를 택할 것이다"라고 쓰고 있기도 하니까요. 그러면서도 그녀는 "갑자기 나는 진정한 혁명가들이 무슨 일을 수행했던가를 생각하게 되었다. 이러한 좌파의 끊임없는 압력이 없었다면 혁명이란 없었을 것이며 군국주의를 물리치지 못했을 것이다. 다수당이라고 해서 우리를 그것으로부터 구원해 내지는 못했을 것이다. 철저하고 자립적인 사람들, 스파르타쿠스단 사람들이 오늘날의 개척자들이다"라고 쓰고 있기도 하지요. 그들의 정치노선에는 동조하지 않지만 그들의 역할을 인정하기는 한 거지요. 그러나 그 일기가 작성되고 얼마 지나지 않아 룩셈부르크와 리프크네히트는 살해됩니다.

　　가까운 사이도 아니고 좋아하는 사람도 아니었는데, 왜 리프크네히트를 판화 작품으로 남긴 건가요?
　　리프크네히트의 가족들이 콜비츠에게 리프크네히트의 죽음을 작품으로 제작해 달라고 부탁했고 그 부탁에 따라 콜비츠는 그의 임종 시의 얼굴을 그리고 나중에 판화도 제작했다고 해요. 또 얼마 뒤에는 리프크네히트의 살해에 항의하는 성명서에 아인슈타인, 하인리히 만 등과 함께 서명하기도 했지요. 판화 작품은 처음에는 동판으로 시도했다가 다시 석판으로, 그리고 나중에는 목판으로 바꾸어서 작업한 결과였다고 해요. 콜비츠는 1920년 10월의 일기에서 "부끄럽다. 나는 아직껏 당파

를 취하지 않고 있다. 아무 당에도 소속되어 있지 않다. 그 이유
는 내가 비겁하기 때문이다. 본래 나는 혁명론자가 아니라 발전
론자다"라고 고백하면서 "나는 예술가로서 이 모든 것을 감각
하고 감동을 느끼고 밖으로 표출할 권리를 가질 뿐이다. 그러므
로 리프크네히트의 정치노선을 추종하지는 않지만 리프크네히
트를 애도하는 노동자들을 묘사하고 또 그 그림을 노동자들에
게 증정할 권리가 있다. 안 그런가?"라고 쓰고 있습니다.

일기를 보면 알 수 있듯이 콜비츠는 자신에 대한 평가가 자신의
성격과 잘 맞지 않음을 고뇌하고 앞에 나서지 못함을 부끄러워
하는 듯한 모습을 보입니다. 하지만 그럼에도 약자와 빈민에 대
한 따뜻함과 전쟁을 반대하고 생명을 사랑하는 마음을 간직하려
는 태도도 보입니다.

이렇게 조용하던 콜비츠도 히틀러의 등장 앞에서는 변하기 시작
합니다. 히틀러가 제국의 수상으로 선출된 후인 1933년 2월, 콜
비츠는 다시 아인슈타인, 하인리히 만 등과 함께 '긴급호소!'를
발표하며 전면에 나섰지요. 정치적 입장을 선택하는 것에는 망
설이면서도 옳다고 생각한 행동에 대해서는 망설이지 않았던 거
지요. 콜비츠의 용기가 돋보이는 장면입니다.

케테 콜비츠는 늘 자신이 어떻게 살아가야 하고 어떤
선택을 해야 하는지 고민했네요.

콜비츠는 자신의 예술세계에서는 물론 삶에서도 대중의 의견을 맹목적으로 좇는 선택을 하지는 않았고 스스로 확신이 가는 방향을 선택해 나갔던 예술가입니다. 콜비츠가 리프크네히트를 애도하는 작품에 대해 여러 말들이 있었어요. 기독교적 전통을 연상시키는 형식이라는 점, 작품 안에 리프크네히트의 정치적 적수들이 애도하는 사람으로 등장하는 점이 비판받았지요. 그러나 목판화로 된 작품은 값싼 대중판으로 제작되어서 보급되었는데 그녀의 목판화 작품 중에서 가장 많이 보급되었다고 해요.

5장

대한민국, 함법을 논하야다

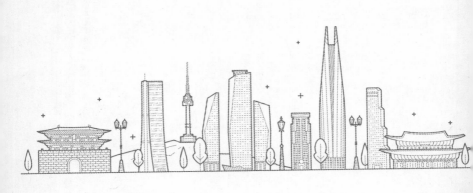

광복과 신탁통치

 1945년, 일제의 패망으로 우리나라는 광복을 맞았지만 불행하게도 북위 38선을 기준으로 남쪽은 미국이, 북쪽은 소련이 분할통치하게 됐습니다. 더글러스 맥아더 원수의 지휘를 받는 존 하지 미 육군 중장과 24군단이 인천에 상륙하고 다음 날인 9월 9일 하지 중장은 포고령 제1호를 내려 대한민국에 대한 미국의 군정을 선언하고 아치볼드 아널드 미 육군 소장을 미군정 장관에 임명합니다. 이후 미국 장교들을 각 도(道)의 장관에 임명하고 조선총독부의 일본인 관리들을 해임시키는 등 조치를 합니다. 12월 16일부터 26일까지 모스크바에서는 미국, 영국, 소련의 외무부장관이 모여 제2차 세계대전 이후의 문제를 논의했는데, 모스크바 3상회의라고 하는 이 회의에서 우리나라에 대한 문제가 논의됩니다.

 광복 후 자주적인 국가를 설립하는 대신 강대국들에 의해 분열됐다는 게 안타깝습니다. 강대국들은 어떤 논의를 했나요?

우리나라와 관련한 가장 중요한 결정은 남한과 북한의 군정 사령부가 공동위원회를 구성해서 임시정부를 구성하고, 임시정부와 민주단체들의 참여하에 신탁통치를 할 방안을 작성하여 소련, 중국, 영국, 미국 정부가 최대 5년 동안 한반도에 대해 신탁통치를 실시한다는 내용이었지요. 이런 결정이 보도되자 우리나라에서는 식민지배가 반복된다면서 즉시 독립을 요구하는 목소리가 높아졌습니다. 주로 우익세력들이 반대했고 좌익세력들은 처음에는 반대하다가 수용하는 입장으로 선회하였지요.

1946년 1월 서울 덕수궁에서는 미·소 공동위원회의 예비회담이 열렸고 3월에는 제1차 위원회가 열렸습니다. 4월이 되어 타협안으로 제시된 것은 임시정부 수립을 위한 한국 내 협의 대상자의 선정 기준이었는데, 모스크바 3상회의에 대한 지지를 약속하는 선언서에 서명하는 조건이 기준이었지요. 18일에 발표된 공동성명을 보면 "정부수립을 지지하며, 정당·사회 단체와 협의해서 정부를 수립하겠다. 반탁 활동을 해 왔던 단체와도 대화하며 신탁통치 문제도 해결하겠다"는 내용이 담겨 있어요. 그러나 반탁운동을 해 온 단체를 정부수립 과정에 참여시키지 말자는 소련 측의 주장과, 참여시키자는 미국 측의 주장이 부딪쳤고 의견 차이가 좁혀지지 않은 채 5월부터는 무기한 휴회가 선언됩니다.

　　왜 우익세력들은 반탁이었고 좌익세력들은 찬탁하는

입장을 취한 거지요?

모스크바 3상회의에서 신탁통치 기간으로 30년을 제안한 미국과 달리 소련은 즉시 독립을 주장합니다. 당시 한반도에서는 좌익들의 정치적 역량이 우세했기 때문에 소련이 그런 주장을 했다고 해요. 소련 입장에서는 자신들의 입김이 닿는 정권이 한반도에 들어서면 동북아시아에서 자신의 영향력이 커질 것이라고 예상했거든요. 논의 끝에 5년의 신탁통치로 의견을 모았고, 통치의 주체를 임시정부로 할 것인지 4대국의 협의체로 할 것인지의 문제도 소련의 의사에 따라 임시정부를 주체로 하기로 정했다고 합니다.

그런데 이 결정이 미국은 즉시 독립을 주장하고 소련은 신탁통치에 찬성했다고 잘못 알려집니다.(신탁통치 오보사건) 그래서 우익세력들은 반탁을 하고 좌익세력들은 찬탁을 했어요. 그리고 우익세력들은 반탁운동을 주도하면서 대중의 반발심을 좌익세력에 돌리고 자신들이 주도권을 잡을 기회로 이용했다고 합니다. 우익세력들은 좌익세력에 비하면 상대적으로 정치적 역량이 떨어졌는데 이 운동을 계기로 영향력을 크게 키울 수 있었다고 해요. 뒤늦게 모스크바 3상회의의 경과를 알게 된 좌익세력들은 신탁통치 수용의 입장을 밝혔지요. 그러나 이미 대중의 정서는 신탁통치를 받아들일 수 없다는 쪽으로 굳어지고 있었어요. 그런데 소련 측의 주장대로 반탁운동을 한 단체가 정부수립

과정에서 배제된다면 우익 인사들은 임시정부에 참여할 수 없게 되는 결과가 되지요.

이런 상황에서 1946년 6월 지방순회 강연에 나선 이승만은 정읍에서 남한만의 단독정부 수립을 공식적으로 주장했어요. 이후 김구는 반탁을 주장하면 남북의 통일 정부가 아닌 남한만의 단독정부가 수립된다는 점을 깨닫고 단독정부 수립에 강하게 반대하는 입장으로 전환하게 되지요.

중단된 미·소 공동위원회는 다시 열리지 않았나요?

1947년 5월 제2차 미·소 공동위원회가 열려서 서울과 평양 등지에서 회의를 거듭했지요. 그러나 아무런 진전이 없자 미국은 1947년 8월 한국의 문제를 미국과 소련, 영국, 중국의 4개국 회담에 맡기자고 제안했고 9월에는 UN 총회에 정식 상정했어요. 이후 10월에 열린 미·소 공동위원회 본회의에서 미국 측은 UN에서 한국 문제에 대한 토론이 끝날 때까지 위원회 업무를 중단하자고 제의했지요. 소련 대표단도 이후 서울에서 평양으로 철수해 버려서 결국 미·소 공동위원회는 결렬되었어요.

UN에서는 어떤 논의가 있었나요?

UN의 제1차 정치위원회에서 미국 측은 1948년 3월 31일 이전에 UN 임시위원단 감시하에 남북한 총선거를 실시하자고 주장했고, 소련 측은 1948년 초까지 한국에서 외국군의 동시철수를 먼저 끝내자고 주장했어요. 결국 1947년 11월에 열린 UN 총회에서 소련과 친한 사회주의 국가들은 참석하지 않은 상태로 표결이 이루어져 미국이 제시한 안은 찬성 43, 반대 0, 기권 6으로 통과됩니다. 이렇게 모양이 어찌 됐든 UN 결의에 따라 총선거가 실시되지요.

그럼 신탁통치 문제는 어떻게 되지요?
미·소 공동위원회가 결렬되고 남북한 총선거를 실시하기로 하면서 신탁통치는 더 이상 문제 되지 않았습니다. 대신 한국의 총선거를 감시하기 위해 구성된 UN 임시위원단은 1948년 1월 덕수궁에서 첫 모임을 가졌지요. 그러나 UN에서부터 총선거를 반대한 소련군정청은 임시위원단이 북한으로 들어오는 것을 거부했기 때문에 북한 지역에서의 총선거는 실시되지 못합니다. 결국 2월 26일 UN에서는 한국 내의 가능한 지역에서만 선거를 실시하기로 결의해서 5월 10일에 남한만의 총선거가 실시되었습니다.

우리나라 정치인들은 UN의 결정을 어떻게 받아들였나요?
이승만과 함께 남한만의 단독정부 수립안을 주장하는 세력과 그에 반대하는 김구를 지지하는 세력 외에도 중간파들의 냉담, 선(先)외국군철수 후(後)통일정부수립을 외치는 공산주의자들의 대립으로 극심한 갈등 양상이 나타납니다. 남북 분단을 막으려 했던 김구 측은 중간파이던 김규식 측과 함께 북한의 김일성과 만나 남북한정치지도자회의를 열자고 제의했지요. 김구는 UN 임시위원단에 나가서 자신의 주장을 전달하고 평양으로 가서 전조선정당사회단체대표자 연석회의에 참석했지만 아무런 성과도 거두지 못하고 돌아왔어요. 남한에서는 결국 5. 10 총선에서 198명의 의원이 선출되어 5월 31일 드디어 제헌의회가 개원되었습니다.

혼란스러움이 마치 바이마르 헌법이 만들어질 때의 독일을 보는 것 같네요.

좌·우익의 극심한 대립, 그리고 민주주의나 공화국의 의미를 제대로 알지 못하는 국민들, 각각 전쟁과 식민지배라는 큰 사건 뒤에 이어진 사회적 혼란 등 유사한 점이 있지요. 아무튼 전체 유권자의 96퍼센트가 선거인 명부에 등록됐고, 그중 95퍼센트가 선거에 참여한 것만 보면 정부 수립에 대한 염원이 상당히 컸다는 것을 알 수 있습니다. 다만 이에 대해서는 높은 등록자 비율이 민심을 정확하게 반영한 것은 아니었다는 반론도 있어요. 선거지지파들이 경찰과 긴밀한 관계를 맺고 미곡배급통장 등을 몰수하겠다고 위협해서 국민들의 등록을 권유했다는 거였지요.

만일 그때 남북한이 공동으로 선거를 실시했다면 지금 우리나라는 통일된 국가로 남아 있겠네요?

역사에는 가정이 없다고 하니 무의미한 일일지 모르지만 그랬을지도 모르지요. 그러나 북한 측이 인구비례에 따른 총선거에 응할 가능성은 전혀 없었어요. 북한에서 남한으로 내려온 사람들이 100만 명에 달한다는 점을 차치하고라도 1945년의 인구 분포를 살펴보면 남한의 인구는 1600만 명인 데 반해 북한의 인구는 절반 정도인 880만 명에 불과했다고 합니다. 북한 입장에서는 인구비례에 따라 대등하게 대표를 선출한다면 인구가 많은 남한 측에 밀려 그 입지가 약해질 테니 선거에 응할 여지는 없었지요. 실제로 UN 임시위원단은 남북한을 합쳐 총 300명의 국회의원을 선출할 방침을 정해 두었지만 북한에서의 선거가 불가능해지자 북한 지역 의석수 100석은 유보해 두고 남한 지역 의석 수 200석을 대상으로만 총선거를 실시했습니다. 북한에서 총선거가 이루어지지 않은 이유로 당시 북한에는 김일성을 수반으로 하는 친소정권이 들어서 있었다는 점도 들 수 있지요.

제2차 세계대전은 독일과 일본이 일으켰잖아요? 전범국인 독일은 동독과 서독으로 나뉜 반면 같은 전범국이었던 일본 대신 왜 엉뚱하게 일본의 식민지였던 우리나라가 분단됐나요?

그게 우리 민족의 입장에서 보면 정말 억울하기 짝이 없는 일이지요. 제2차 세계대전이 막바지로 치닫던 1945년 8월, 미국의 요청에 따라 소련은 뒤늦게 일본과의 전쟁(만주작전)에 뛰어들었고 소련이 함경도 청진까지 밀고 내려왔을 때 일본이 무조건 항복을 선언하게 되었습니다. 그러자 미국은 일본 전체를 점령했고, 한반도의 절반은 이미 소련이 점령했으니 나머지 절반인 남한만이라도 점령하기 위해 북위 38도선을 기준으로 남쪽은 미국이, 북쪽은 소련이 군정을 실시하는 데 합의한 것이지요. 전범국으로서 책임을 진 독일과 비교하면 일본은 무사히 넘어가고 애꿎은 우리가 반으로 갈라진 것이니 우리 입장에서는 정말 어처구니가 없는 일이었지요.

그때 어느 한쪽이든 신탁통치를 받아들였다면 어떻게 되었을까요? 지금과 같은 분단은 막을 수 있었을까요?

그것은 정말 무의미한 가정이라고밖에 할 수 없어요. 제2차 세계대전 이후 미국과 소련은 국제사회의 명실상부한 2대 강대국으로 부상하고 냉전이 시작됩니다. 이념을 두고 일부를 제외한 전 세계가 둘로 나뉘어 대립하는 시기였기에 두 강대국에게는 한국민의 입장보다 오로지 자기에게 유리한 방안이 무엇인가가 더 중요했지요. 미국과 소련은 신탁통치가 실행돼도 그것이 시행될 때나 이후에나 어떤 방식으로든 자신들의 영향력을 유지하고 키울 수 있는 방안을 찾으려 했을 겁니다. 그러니 신탁통치가 이루어지면 분단도 없었을 거라고 장담하기는 어려워요. 냉전 시기 자본주의와 공산주의가 직접 맞닥뜨리는 최전선에서 두 나라가 손을 떼고 조용히 물러난다는 것은 상상하기 쉽지 않으니까요. 신탁통치가 시행됐다고 해도 어느 쪽이 주도하는 신탁통치인지부터 문제가 되었을 것입니다.

헌법의 제정과 개정

미·소 공동위원회가 무기한 휴회 중이던 1946년 8월 미군정은 조선인민이 요구하는 법령을 조선인민의 손으로 제정할 수 있도록 하자는 명분을 내세워 남조선 과도입법의원의 창설을 발표합니다. 1946년 10월 실시한 과도입법의원 선거에서 미군정이 임명하는 46명과, 각 도의 주민이 선출한 민선의원 46명을 남조선 과도정부 입법의원으로 임명했지요. 선거의 부정과 친일 인사들의 등장 등이 지적되어서 일부 지역에서는 재선거가 실시되기도 했지만 우여곡절 끝에 1946년 12월에는 57명의 의원이 참석한 개원식이 열립니다. 입법의원의 권한은 법령 초안을 작성하여 군정장관에게 제출하는 것이었지요. 군정장관의 동의가 없으면 법령의 효력이 발생하지 않았으므로 정상적인 의회의 기능을 수행하는 기관은 아니었지만 외견상 최초의 의회 모습은 갖추었다고 볼 수 있습니다.

남조선 과도입법의원은 해산되는 1948년 5월까지 11건의 법률을 공포했고 50여 건의 법률을 심의했다고 합니다. 그중 하나가 '부일협력자·민족반역자·전범·간상배 처단 특별법'이었지요. 이 법은 1947년 3월 본회의에 상정되어 7월 통과되었으나 미군정은 인준을 계속 지연하다가 11월 인준 보류를 통지하여 폐기되었습니다. 이 법의 인준이 보류된 까닭은 미군정의 간부가 된 친일세력의 방해공작 때문이라고 하지요. 실제로 미군정이 내세운 인준 보류 사유는, 입법의원이 완전한 민의의 대표기관이 되지 못한다는 것이었다고 하니 자기모순이 심해 보이지요?

한편 1947년 초부터 입법의원은 과도임시정부에 적용할 헌법안을 작성했고 1947년 8월 '조선임시약헌'이라는 이름으로 의결하였습니다. 약헌은 제1조에서 조선은 민주공화제임을 선언하였고 정부 형태는 대통령제에 가까운 주석제도를 두었으며 주석의 임기는 4년으로 정했지요. 기본권에 관해서도 자유권 외에 사회권을 대폭 인정했습니다. 그러나 약헌은 1947년 11월 미군정이 동의하지 않아서 거부되었고, 1948년 5월 19일 과도입법의원은 해산되었지요.

왜 약헌을 거부한 거지요? 특별한 이유라도 있나요?

남한의 입법의원이 제정한 약헌이 효력을 띠면 통일에 지장이 된다는 이유였지요. 미군정은 UN 총회에서 남한만의 선거가 아닌 남북한 총선거 실시 결의를 기다렸다는 듯이 약헌에 대한 동의를 거부했습니다. 총선거를 실시하게 된 이상 헌법에 대한 논의는 일단 미룬 것이 아닐까 생각되는군요.

그런데 미군정청은 1947년 6월 군정법령 제3호로 법전기초위원회법을 만들어서 기초법전을 만드는 사업을 시작했고 헌법 기초작업도 따로 진행하고 있었어요. 당시 거의 유일한 헌법학자라고 평가되는 유진오가 헌법의 초안을 만드는 작업을 했는데 그는 내각책임제, 양원제 국회, 농지개혁, 기업의 자유를 전제로 한 통제경제 등을 초안에 포함시켰다고 해요. 그리고 1948년 5월 초 유진오는 법전기초위원회에 초안을 제출했지만 바로 제헌국회가 열리면서 유진오는 국회의 기초전문위원으로 위촉되었고 초안은 다시 국회의 헌법기초위원회에 제출됩니다.

1948년 5월에 초안이 제출되었다고 했는데 같은 해 7월에 헌법이 공포되지 않았나요?

제헌국회의 일정을 한번 살펴보죠. 제헌국회는 5월 31일 옛 조선총독부 건물에서 열립니다. 그리고 6월 3일에는 국회가 헌법 및 정부조직법 기초위원회 위원 30인을 선출했고, 기초위원회는 유진오를 비롯한 기초전문위원 10인을 위촉했죠. 전문위원 회의에서는 작성자의 이름을 따서 만든 유진오 안과 권승렬 안을 두고 논의가 오갑니다. 기초위원회는 6월 3일부터 22일까지 열여섯 번의 회의를 거듭한 끝에 유진오 안을 원안으로 하고, 유 진오 안을 조금 수정한 권승렬 안을 참고안으로 둔 헌법 안을 23 일 국회 본회의에 제출했습니다. 이 헌법 안은 12일까지 헌법기 초위원장인 서상일, 유진오, 권승렬 전문위원의 질의와 답변을 거 친 뒤 국회를 통과했고, 7월 17일 제헌헌법으로 정식 공포됩니다.

그래서 7월 17일이 제헌절이 되었군요.

그렇지요. 이렇게 헌법을 만드는 과정은 생각보다 길 지 않았다고 볼 수도 있지만, 그 과정에서 우여곡절이 참 많았 어요. 가장 문제가 되었던 것은 대통령중심제를 취할지, 아니면 내각책임제를 취할지 여부를 결정하는 것이었습니다. 대통령중 심제는 행정을 담당하는 대통령과 입법을 담당하는 의회의원을 따로 뽑아서 서로 견제하도록 하는 시스템입니다. 반면 내각책 임제는 선거를 통해서 의원을 선출한 후 다수당의 대표가 행정 부의 수반이 되고 의원들이 내각에 들어와 행정을 담당하도록 하는 시스템입니다. 만일 총리나 수상으로 불리는 내각의 수반 이 의회의 신임에 반할 경우 의회는 내각불신임권을 행사하여 총리를 해임할 수 있으므로 총리는 의회에 대하여 책임을 지게 되어 있습니다. 당시만 해도 대통령중심제는 생소한 시스템이었고 대부분의 선진국은 내각책임제로 운영되고 있었지요. 미국이 대통령중심제를 채택한 이유는 앞에서 말했듯이 자신들이 영국으로부터 독립한 역사적 배경이 작용했던 탓입니다.

이런 이유로 당시의 정치인들 대부분은 내각책임제를 선호하고 있었습니다. 유진오 안도 내각책임제를 기반으로 하였고 권승렬 안도 마찬가지였지요. 국가 수반을 상징하는 대통령을 두되 실권은 국무총리에게 부여하는 방식이었습니다. 그런데 기초위원회 회의가 진행되던 6월 15일, 갑자기 이승만이 회의에 참석해 대통령을 국왕과 같이 신성불가침적인 존재로 두면서 총리가 모든 일을 책임진다는 것은 비민주적이기 때문에 내각책임제가 아니라 대통령중심제(대통령책임제)를 채택해야 한다는 연설을 합니다. 거기에 그치지 않고 6월 21일 회의에도 참석한 이승만은 내각책임제에 반대하는 연설을 한 뒤 만일 국회에서 내각책임제 안이 통과된다면 자신은 그런 헌법하에서는 어떤 지위에도 오르지 않고 민간에 남아 국민운동이나 하겠다고 선언합니다. 당시 의회를 장악하고 있던 한민당 의원들은 이승만을 내세우지 않고는 정국을 이끌고 나가기가 어려울 것이라고 판단하면서도, 총리 등을 한민당 쪽 사람으로 채우면 한민당이 정국을 계속 장악할 수 있을 것이라고 보고 대통령중심제를 받아들이기로 했어요. 그러나 이후 대통령으로 뽑힌 이승만은 재무장관 한 자리만 한민당 출신 인물로 채움으로써 한민당을 배제하였고, 결국 한민당은 이승만과 결별하게 되었지요.

한민당 측으로부터 대통령중심제로 수정해 줄 것을 요청받은 유진오는 내각책임제를 전제로 만든 국회의 내각불신임권이나 정부의 국회해산권 등을 손볼 수밖에 없었어요. 대신 국무총리의 임명에 국회의 승인을 받도록 하는 조항만은 남겨 둘 수 있었습니다.

우여곡절 끝에 7월 12일 국회를 통과한 제헌헌법은 대통령중심제이면서도 대통령과 국무총리, 국무위원으로 구성되는 의결기관인 국무원을 두었다는 점에서 내각책임제적 요소가 들어가 있었지요. 또 부통령을 두면서도 내각중심제처럼 국회의 승인을 받아야 하는 국무총리를 따로 둔 점도 특이하였지요. 결국 제헌헌법은 대통령중심제 정부형태와 내각책임제 정부형태를 혼합한 독특한 권력 구조를 갖는다고 할 수 있습니다.

　　의결기관인 국무원을 둔 것이 왜 내각책임제적 요소를 띤 것이 되나요?

　　대통령제라면 대통령이 국정에 관한 결정권을 가져야 하잖아요? 그런데 국회의 승인을 받아야 하는 국무총리가 구성원인 국무원이 중요 국책을 의결한다고 하고 있으니 내각책임제적인 요소가 들어 있다고 할 수 있겠지요.

이제 제헌헌법을 더 살펴보도록 합시다. 제헌헌법에 따르면 대법원장은 국회의 승인을 얻어서 대통령이 임명하도록 했고 위

헌법률심판을 담당할 헌법위원회를 별도로 둔다는 특징이 있었어요. 또 제헌헌법의 중요한 특징으로 꼽히는 것은 경제 질서에 대한 부분이지요. 창작물에는 대개 제작자의 관점이나 생각이 많이 들어간다고 하잖아요? 제헌헌법 역시 제정자인 유진오의 생각처럼, 기업의 자유는 인정하되 사회정의의 실현과 균형 있는 국민경제의 발전을 우선하는 통제경제의 형태를 취했지요. 사기업에 있어서는 근로자의 이익분배균점권을 인정하고 자연자원의 원칙적 국유화를 선언하고 있기도 합니다. 이 부분을 보아도 제헌헌법은 사실 바이마르 헌법에 영향을 받았다고 할 수 있습니다. 바이마르 헌법과 제헌헌법을 비교해 봅시다.

바이마르 헌법 제151조 제1항

경제생활의 질서는 각자로 하여금 인간의 가치에 타당한 생활을 하게 하는 것을 목적으로 하고 정의의 원칙에 적합해야 한다. 각자의 경제상의 자유는 이 한계 내에서 보장된다.(위키피디아)

제헌헌법 제84조

대한민국의 경제 질서는 모든 국민에게 생활의 기본적 수요를 충족할 수 있게 하는 사회정의의 실현과 균형 있는 국민경제의 발전을 기함을 기본으로 삼는다. 각인의 경제상 자유는 이 한계 내에서 보장된다.

어때요, 경제적 정의를 추구한다는 점이 좀 비슷하지 않나요? 우리 헌법에는 지금도 유사한 조항이 있긴 합니다. 다만 현행 헌법 제119조 제1항은 "대한민국의 경제질서는 개인과 기업의 경제상의 자유와 창의를 존중함을 기본으로 한다"이고 제2항은 "국가는 균형 있는 국민경제의 성장 및 안정과 적정한 소득의 분배를 유지하고, 시장의 지배와 경제력의 남용을 방지하며, 경제주체 간의 조화를 통한 경제의 민주화를 위하여 경제에 관한 규제와 조정을 할 수 있다"라고 규정하고 있어서 제헌헌법과 비교하면 원칙과 예외가 바뀌어 있어요.

이익분배균점권이란 뭔가요?

제헌헌법 제18조는 "영리를 목적으로 하는 사기업에 있어서는 근로자는 법률의 정하는 바에 의하여 이익의 분배에 균점할 권리가 있다"라고 정하고 있었어요. 사실 이 조항은 유진오 안에는 없던 것인데 국회의 본회의 심의 과정에서 추가된 조항이라고 하지요. 당시 대한독립촉성노동총연맹이라는 단체에서 노동자의 경영참여권과 기업 이윤 공유를 주장했고 이 두 가지를 모두 헌법에 넣을 것인지, 아니면 배제할 것인지, 그것도 아니면 부분적으로 받아들일 것인지에 대한 논쟁이 있었어요. 논의의 끝에 결국 최종 표결에서 이익분배균점권만을 인정하기로 정한 거라고 합니다.

당시에는 귀속재산이라고 해서 광복 전에는 일본인 소유였다가 일본 패망 후 정부의 소유가 된 재산이 전체 국부의 8할을 차지하고 있었어요. 귀속재산은 민족이 공유하는 재산으로서 앞으로 국가경제의 기초가 되어야 하는 재산이므로 그 재산을 토대로 한 경제에 근로자의 권리를 인정한다는 것이 당시에는 크게 이상하게 보이지 않았다고 해요. 그러나 이익분배균점권을 구체화하는 법률이 제정되지 않았으므로 이 조항이 실제로 실현되지는 않았고 1962년 제3공화국 헌법에서 폐지되었지요.

> 제헌헌법, 제3공화국 헌법, 또 87년 헌법이 별개로 있는 것을 보면 우리 헌법도 미국 헌법처럼 수정조항을 두었나요?

우리 헌법은 미국과 달리 부분적으로 개정하거나 새로 제정하는 방식을 두고 있어요. 미국이 독특하게 수정 형식으로 개폐하는 방법을 택한 것입니다. 미국 헌법이 바뀌는 모습을 잠깐 살펴보면, 미국 헌법은 제정 당시 기본권에 관한 구체적 규정이 없어서 제정에 대한 반대의 목소리가 나왔지요. 때문에 권리장전을 제정하기 위한 제헌의회를 다시 열자는 요구가 많았지만 시간이 많지 않아 권리장전을 빨리 제정하기 위해 개정이 아니라 해당 부분만 따로 만든 수정헌법으로 제1대 의회에서 바로 통과시켰지요. 이후 미국 헌법의 개정은 수정헌법의 방식으로 이루어지게 되었습니다. 이와 다르게 우리 헌법은 제헌헌법이 네 차례 개정되었다가 1962년 제3공화국에서 전부개정되었고(헌법 제5호), 1972년 10월 유신 때 이른바 유신헌법이라는 헌법으로 다시 전부개정되었으며(헌법 제8호), 1980년 제5공화국이 들어서면서 다시 전부개정되었고(헌법 제9호), 1987년 다시 전부개정되어서 헌법 제10호가 되었지요.

지금 헌법은 1987년에 전부개정된 헌법인가요.

그렇지요. 네 차례의 전부개정에서 세 차례의 개정은 권위주의 정권이 자신의 권력 기반을 튼튼히 하기 위한 개정이지만, 1987년의 마지막 전부개정은 1987년 6월 민주항쟁 이후로 만들어진 것이고 현재도 계속 적용되는 헌법이지요. 그런데 이 헌법이 다시 개정돼야 한다는 헌법개정 논쟁이 한참 동안 이루어져 왔고, 2018년 3월 26일 문재인 대통령이 헌법개정안을 국회에 제출하기도 했지요.

1987년 6월의 유산

1987년 1월 14일, 치안본부 대공수사단 남영동 분실에서는 박종철 군이 불법 체포되어서 전기고문과 물고문을 받다가 숨지는 사건(박종철 군 고문치사 사건)이 있었습니다. 박종철 군은 당시 서울대학교 3학년 학생이었는데 다른 수배자의 행방을 자백하라고 고문을 받은 거였어요. 당시 치안본부장은 가혹행위는 절대 없었다고 부정하며 단순 쇼크사인 것처럼 박종철 군의 죽음을 발표하였지요. "책상을 탁 치니 억 하고 쓰러졌다"는 말이 여기서 나온 것입니다. 그런데 박종철 군의 부검을 담당한 부검의는 심장쇼크사가 아니라 고문에 의한 사망임을 밝혀냈고 언론에 이런 사실이 알려지면서 사태가 커집니다.

잠깐 과거로 돌아가면, 당시 대통령이었던 전두환은 1981년 2월, 임기 7년의 제12대 대통령으로 당선되었습니다. 그런데 이 선거는 간접선거였지요. 통일주체국민회의라는 기구의 대의원들이 장충체육관에 모여 투표를 했기 때문에 체육관 선거라는 조롱을 들을 정도였어요. 그런데 1985년 2월 12일의 총선에서 야당이 예상보다 많은 득표를 하게 되자 재야의 민주운동세력들과 야당은 간접선거로 뽑힌 전두환 대통령의 정통성 결여, 비민주성을 비판하면서 직선제 개헌을 쟁취하기 위한 민주헌법 쟁취 투쟁을 활발하게 전개해 나갑니다. 1000만인 서명운동도 진행하고 있었지요. 그러던 중 박종철 군이 고문과 폭행으로 사망했다는 사실이 알려지자 국민들의 민주화 요구는 더욱 거세질 수밖에 없었습니다.

다급해진 전두환은 야당을 중심으로 추진 중이던 일체의 개헌논의를 중단하라면서 기존의 헌법을 옹호하고 유지하겠다는 선언(4. 13 호헌 조치)을 해 버리지요. 이후 5월 18일, 명동성당에서 열

린 광주민주항쟁 7주기 추모미사에서 천주교정의구현전국사제
단의 신부가 박종철 군 사망 사건은 이른바 관계기관 대책회의의
관여로 축소 및 조작되었다는 성명을 발표했어요. 이어 5월 27일
에는 민주헌법쟁취국민운동본부가 발족했고 학교 밖으로 나와
시위에 참여하는 대학생들이 늘어났지요. 시민들은 시위를 진압
하는 경찰에게 쫓기는 학생들을 보호하기도 하는 등 억압할수록
오히려 민주화에 대한 국민들의 열기는 더 뜨거워지고 있었어요.
6월 10일로 예정된 '박종철 군 고문살인 조작·은폐 규탄 및 호
헌 철폐 국민대회'가 열리기 하루 전, 전국 각 대학에서는 사전
집회가 열렸습니다. 연세대학교에서도 사전 집회가 열렸지요.
그런데 집회에 참석하고 교문 밖으로 나오려던 학생들을 경찰
이 최루탄을 쏘면서 막고 있었고, 이때 경찰이 쏜 최루탄에 뒷
머리를 맞은 연세대학교 2학년 학생 이한열 군이 쓰러집니다.
쓰러진 이한열 군을 부축해서 병원으로 옮기는 다른 연세대생
의 모습이 사진기자에 의해 포착되었고, 그 사진이 신문에 크게
실리면서 6월 민주항쟁은 또 다른 국면을 맞게 되었지요. 학생
들은 모두 뭉쳐서 이한열 군의 시신이 경찰에 넘어가지 않도록
순번을 짜서 돌아가며 중환자실을 지키기도 했어요. 경찰이 유
가족의 동의 없이 강제로 부검하여 사망원인을 조작할지도 모
른다는 염려 때문이었지요.
다음 날인 6월 10일, 정부는 집회를 막기 위해서 선언문 발표가

예정된 대한성공회 서울 주교좌 성당을 봉쇄하였고, 경적을 울리면서 시위에 동참하는 차량은 도로교통법 위반으로 잡아넣겠다고 경고하기도 했어요. 그런데 정부가 시위에 참여하지 못하게 하기 위해 일찍 퇴근시킨 직장인들이 오히려 더 적극적으로 시위에 가담합니다. 이른바 넥타이 부대라고 불린 시민들이었지요. 일부 시위대는 명동성당으로 피신해서 항쟁을 계속했고 군대를 동원하여 무력으로 시위를 진압하려는 정부의 시도가 군 내부의 반대와 미국의 만류로 어려워지자 결국 6월 29일 당시 여당인 민정당의 차기 대통령 후보였던 노태우가 직선제 개헌을 수용한다는 선언을 하지요. 바로 6. 29 선언입니다.

결국 박종철·이한열을 비롯한 수많은 이의 희생 위에서 직선제 개헌이 결정된 거군요. 우리가 누리고 있는 건 위에서 던져 준 것이 아니라 누군가가 목숨을 걸고 싸워 얻어 낸 것이네요.

그랬지요. 야당은 개헌 협상과 대통령 선거일정을 밝힐 것을 요구하였고 여당과 야당의 지도부 8명이 모여 8인 정치회담을 만들었어요. 7월 31일부터 시작된 8인 정치회담에서 헌법개정안을 서둘러서 만들었고, 전면 개정된 헌법안은 8월 31일 국회의 헌법개정특별위원회를 거쳐서 10월 12일 국회본회의를 통과했지요. 1987년 10월 27일 국민투표에 의해 개헌안이 확정되었고 새

헌법은 10월 29일 공포되어 1988년 2월 25일부터 시행되었어요.

그래도 한 나라의 헌법인데 너무나 짧은 시간에 만들어진 게 아닌가요? 제헌헌법만 해도 기초작업에서 공포까지 1년 이상이나 걸렸는데 87년 헌법은 겨우 3개월 만에 만든 것 같아서요.

그렇게 여겨질 수도 있겠지만 당시의 정치적 상황을 살펴보면 오래 끌기가 어려웠지요. 무엇보다 대통령직선제 개헌을 제도화하는 게 시급했거든요. 또 직선제 외에도 대통령의 장기집권을 막기 위해서 임기는 5년이며 단임제로 하였고, 나머지는 제3공화국 헌법의 골격을 대부분 받아들였어요. 다만 헌법재판소를 설치한 것이 큰 변화였지요.

그 이전에는 헌법재판소가 없었나요?

4. 19 혁명 후인 1960년 6월 15일, 헌법을 일부개정하면서 헌법재판소를 두도록 했지만 실제로 구성되기 전에 5. 16 군사정변이 일어났고, 1962년 제3공화국이 들어서면서 헌법이 전부개정되어 실제로 설립되지는 못했습니다. 제3공화국 헌법에서는 따로 헌법재판소를 두지 않고 법률의 헌법 위반 여부가 문제 될 때마다 법원이 심사할 권한을 가지도록 했지요. 그러다가 1972년 12월 27일 당시의 박정희 대통령이 국회를 해산시키고 비상국무회의를 열어서 만든 유신헌법에서는 헌법위원회를 만들어서 법률의 위헌 여부를 심판하도록 했어요. 그러니까 헌법재판소가 실제로 만들어진 것은 1987년의 헌법 이후라고 보아야지요.

호헌 철폐를 외치고 직선제를 요구하며 시청 광장을 가득 메운 사람들의 모습이 2016년 겨울, 광화문 광장 모습과 겹치는 것 같은데요?

그렇지요? 어떤 분은 1987년의 6월 민주항쟁이 프랑스 혁명을 떠올리게 한다고 말씀하시기도 해요. 프랑스 혁명이 결국에는 왕정을 무너뜨리고 공화정을 수립한 동력이었던 것처럼 6월 민주항쟁도 기나긴 권위주의 정권의 역사를 뒤로하고 민주적 헌법을 만들고 민주적 정권을 세워 나가는 데 큰 역할을 했다는 점에서 그 성격이 유사하다는 거지요.

사실 프랑스처럼 우리도 5. 18 민주항쟁과 같은 폭력
에 따른 희생의 역사가 길었던 거죠?

그 긴 시간 동안 많은 분의 희생 덕분에 우리가 조금
더 민주적인 헌법 아래에서 권리를 지켜 나가면서 살아갈 수 있
게 되었다는 걸 잊어서는 안 되겠지요.

왜 요즈음 다시 헌법 개정이 필요하다는 얘기들이 나
오고 있나요?

사실 1987년의 헌법에 대해서는 그동안 많은 개헌 논
의가 있어 왔지요. 대통령중심제 대신 내각책임제로 바꾸자는
개헌론이 여러 차례 제기되었고, 대통령이 단임제여서 중요한
정책의 지속적인 시행이 어렵다는 이유로 연임할 수 있도록 하
는 대신 임기를 4년으로 개헌하자는 얘기도 많이 있었지요. 구
체적으로 대통령과 국회의원의 임기가 각각 5년과 4년으로 달
라 여소야대의 국회가 구성되는 경우가 많아서 제대로 정책을
펼칠 수가 없게 되니 대통령을 1회에 한해 연임할 수 있도록 하
고 대선과 총선을 함께 치르자는 것이지요. 그런데 한편으로는
대통령의 권한이 너무 많으니 이를 줄이는 개헌이 필요하다는
주장도 있어요. 이렇게 1987년의 정치적 상황에서 만든 헌법만
으로는 우리나라의 미래를 이끌어 가기에 부족하다는 데는 많
은 사람이 동의하고 있지만 어떤 방향이 옳은지에 대해서는 서

로 다른 목소리를 내고 있는 상황이라고 할 수 있지요.

　　　문재인 대통령이 2018년 3월 26일 제출했던 개헌안에
는 어떤 내용이 담겨 있나요?
　　　대통령과 관련해서만 보면 5년 단임제를 임기 4년으
로 하여 한 번만 연임할 수 있는 4년 중임제로 바꾸고, 대통령
은 국가의 대표라는 지위만 남기고 국가원수로서의 지위는 삭
제한 뒤 권한도 축소하는 내용이 담겨 있었어요. 또 프랑스처럼
대통령 선거에 결선투표제를 도입해서, 유효 투표자의 과반수
를 얻은 사람이 없으면 최고 득표자와 그다음 순위 득표자에 대
한 2차 투표를 실시하기로 하는 내용도 있었지요. 그러나 이 개
헌안은 2018년 5월 24일 의결정족수 미달로 투표불성립이 선
포됩니다. 투표함을 열지도 않고 부결이 선언됐지요.

　　　현행 헌법상 개헌은 어떤 절차로 진행되나요?
　　　대한민국헌법은 10장에서 제128조부터 제130조까지
세 개의 조문을 통해 개정에 관한 규정을 두고 있어요. 먼저 제
128조 제1항은 헌법개정은 국회재적의원 과반수 또는 대통령
의 발의로 제안된다고 해요. 그래서 문재인 대통령이 개헌안을
제출할 수 있었던 것입니다. 제129조는 제안된 개정안은 대통
령이 20일 이상의 기간을 공고하도록 하고 있으며, 제130조는

제1항에서 국회는 공고된 날로부터 60일 이내에 의결하여야 하고, 국회의 의결은 재적의원 3분의 2 이상의 찬성을 얻어야 한다고 하고 있지요. 그리고 제2항에서 국회 의결 후 30일 이내에 국민투표에 부쳐서 국회의원 선거권자의 과반수의 투표와 투표자 과반수의 찬성을 얻어야 하도록 규정하였어요. 이를 충족했을 때 대통령은 즉시 공포하도록 하고 있지요.

헌법 개정 시 국민들의 참여는 마지막 투표 단계에서만 할 수 있게 되어 있는 거네요.

아쉬울지 모르겠으나 헌법상으로는 그렇게 되어 있지요. 그러니 개헌안이 나올 때까지 국회의원이나 대통령은 국민들의 생각이 무엇인지 알아보는 기회를 많이 마련하고 그 생각을 잘 읽고 반영하도록 노력해야겠지요.

미국이 헌법을 제정했을 때처럼 전국의 대표자들이 모여서 시한을 정해 놓지 않고 토론하고 그 토론 내용은 바깥으로 새어 나오지 않도록 하는 방법으로 헌법 개정국민회의 같은 걸 열 수는 없을까요?

좋은 생각이에요. 정치학자들은 대의민주주의의 큰 문제가 주권자를 대표하는 국회의원들이 모든 주권자의 생각을 접하기 어렵고 주권자 역시 자신들의 생각을 국회의원들에게 전달하기 어렵다는 데 있다고 지적하지요. 만일 헌법의 개정을 헌법 전문가들과 정치가들에게만 맡기지 말고 대표성을 가지는 시민이 모여 토론을 벌이고 시간제한 없는 토론을 통해 어려운 쟁점들을 정리해 나간다면 훨씬 더 시민들의 생각에 근접한 헌법이 만들어질 수도 있겠지요. 이런 방식으로 정책을 결정하는 것을 숙의민주주의적 방식이라고 하지요.

우리나라 헌법의 현장이 잘 드러난 작품으로는 무엇이 있을까요?

영화 〈1987〉을 보는 것도 좋을 것 같아요. 1987년의 서울의 풍경을 담고 있거든요. 영화는 박종철 군의 죽음에서 시작하여 이한열 군의 죽음으로 이어지다가 '호헌철폐, 독재타도'를 외치는 시청 앞 광장으로 연결되고 있어요. 영국의 대헌장이나 프랑스 혁명, 미국 독립의 현장과 마찬가지로 1987년 우리나라 헌법의 현장에서도 많은 사람이 거리로 나와서 자신들의 뜻을 헌법에 반영하기 위하여 애를 썼던 것을 영화로나마 볼 수 있지요. 1987년의 헌법은 자신들이 나라의 주인이라는 것을 믿는 시민들에게서 나왔다는 것을 실감할 수 있습니다.

에
필
로
그

경의, 정의, 숙고를 경합하다

고대 그리스 얘기를 좀 더 해 보기로 하겠습니다. 플라톤은 《국가》에서 소크라테스의 입을 통해 철학자 왕이 국가를 다스려야 하지만 실제로 그렇지 못한 현실을 비유를 들어 설명하고 있습니다. 잘 알려진 키잡이의 비유입니다.

한 척의 배가 있고 배의 주인이 있습니다. 주인은 덩치도 크고 힘도 셉니다. 그러나 귀도 좋지 않고 눈도 근시입니다. 배에 대한 지식도 많지 않습니다. 배의 선원들도 조타술을 배운 적이 없고 계절이나 하늘이나 별이나 바람에 대해서 아무것도 모르면서 오로지 배의 키를 잡을 욕심에만 골몰한 나머지 조타석을 두고 싸우고 있습니다. 때에 따라서는 배의 주인에게 약을 먹여 재우거나 술에 취하게 만들어서 배의 지배권을 장악하고 배 안의 물자를 마음대로 쓰기도 합니다. 플라톤은 이런 상황에서는 배의 지배권을 장악하는 데 도움이 되는 사람이 항해에 능한 사람으로 보일 뿐이고 정작 정말로 필요한 조타술에 능한 사람들은 쓸데없는 사람으로 여겨질 것이 분명하다고 하지요. 플라톤은 이 비유를 통해 전문가가 아닌 보통의 시민들이 정치를 하는 것이 부당하다고 지적합니다.

플라톤은 계속해서 "민주제는 가난한 사람들이 승리를 거두고 다른 사람들은 일부를 죽이고 일부는 추방해서 남은 자에게 국민권과 통치권을 평등하게 분배하여 줄 때 생긴다"고 지적합니다. 그리고 민주제가 아름다워 보이는 이유는 민주제의 정체가 자유이기 때문이라고 말합니다. 민주제를 채택한 나라에서는 꼭 통치해야 한다는 강제성도 없고 꼭 통치를 받아야 한다는 강제성도 없으며, 어떤 법률이 통치하거나 재판하는 일을 금한다 해도 통치를 하거나 재판을 할 수도 있고, 사형이나 추방의 표결을 받았을 경우에도 거리낌 없이 여전히 그곳에 머물 수 있다고 설명하기도 하지요. 사람들이 정치를 시작하기 전에 어떤 일을 했는지도 문제 되지 않으며, 대중에 대하여 호의를 가지고 있다고 말만 하면 그것으로 그 사람을 존경하게 된다고 합니다. 그래서 민주제는 쾌적한 데다 무정부적이고 색조도 다채로우며 능력의 유무와 상관없이 모든 사람에게 똑같이 일종의 평등을 나누어 주는 정체라고 설명하지요. 그리고 이 자유에 대한 탐욕, 자유 이외의 다른 것에 대한 무관심이 민주정체를 변하게 하여 참주제의 출발점이 된다고 지적합니다.

어떤가요? 플라톤의 민주주의에 대한 생각은 지금 우리가 가지고 있는 민주주의에 대한 생각과는 조금 다르지요? 민주주의라고 해서 법치주의가 유명무실해지는 것도 아니며 자유를 누린다고 해서 사람들이 절차를 밟아서 결정한 일을 무시해도 되는 것은 아니니까요. 그래서 우드러프 교수는 플라톤의 이런 말에 담긴 그의 진심은 자유에 반대하거나 참주정을 옹호하는 것은 아니라고 합니다. "진정한 자유란 이성에 따라 삶을 영위하는 자, 욕망의 노예가 아니라 감정의 굴레로부터 벗어난 자의 영혼 안에서만 찾을 수 있는 것"이므로 맹목적 자유가 아니라 진정한 자유를 찾아야 한다는 것이 플라톤의 생각이라는 것입니다.(우드러프, 136)

우드러프 교수는 민주주의를 받아들이기 위해서는 ① 구성원 모두가 정치적 활동에 참여할 수 있어야 하고 ② 다수의 견해가 소수의 견해를 억누르거나 무시하는 일이 없도록 강력히 통제되어야 하며 ③ 사람들이 변화를 수용할 수 있도록 충분히 성숙해야 하며 ④ 시민의식을 고양시키기 위한 교육을 모두에게 지원해야 한다고 주장합니다.(우드러프, 353-354) 또, 아테네인들이 시민의 자격을 제한적으로 인정하였고 이웃 국가들에게도 민주적 외교를 한 것은 아니라는 결함에도 불구하고 아테네인들이 민주주의 개혁을 위한 이념들을 실천하기 위해 다양한 시도를 했고 실패를 통해 자신들의 민주주의를 발전시키고자 한 점은 높이 사야 한다고 주장합니다. "스스로의 실수를 인정하고 그 실수로부터 배울 준비가 되어 있었다"는 것입니다.(우드러프, 382-383) 고대 그리스 시민들이 민주주의의 이념을 실현하기 위해 경주한 노력은 근대의 민주주의를 도입한 17세기 이후의 서구사회와 20세기 이후의 우리나라에서도 꼭 필요한 것이며 여전히 현재진행형입니다.

프롤로그에서 저는 서구의 민주헌법이 만들어지는 현장을 마치 여러 편의 연극을 보듯이 경험해 보자는 제안을 했습니다. 그러면서 그리스의 관객들이 경험한 것처럼 **경의**(reverence), **정의**(justice), **숙고**(deliberation)의 감정을 경험하고 카타르시스를 얻자고도 하였지요.

그렇다면 영국의 대헌장과 이를 이어받은 권리청원, 권리장전이 승인되는 현장에서 우리가 얻을 숭고한 경험은 무엇이 될까요. 저는 왕권조차 법에 의하여 제한이 될 수 있다는 '법의 지배'를 공표한 것에서 경의의 감정을 경험할 수 있다고 생각합니다. 아직 왕권의 제한이라는 관념조차 없던 시절인데도 영국의 귀족, 자유민들은 법에 의한 형벌과 법에 의한 조세부과를 기록한 문서를 왕이 승인하도록 하여서 왕도 법의 지배하에 있음을 확인했으니까요.

프랑스의 피비린내 나는 혁명의 현장에서는 무엇을 경험할 수 있을까요? 특권을 놓지 않으려 했던 프랑스의 왕과 특권계급들을 상대해야 하는 프랑스의 민중들은 우드러프의 표현을 빌리면 "지식이 없는 상태에서도 좋은 결정을 내리는 능력" 즉, 숙고의 능력이 부족한 상태였습니다. 그들의 잘못이라기보다 숙고를 할 수 있는 전문가들의 논변이 제대로 이루어지지 않았고 일반 시민들에게 교양교육이 제대로 제공되지 않아 전문가들의 논변을 경청하고 판단할 수 없었기 때문입니다. 시민들이 좋은 결정을 하려면 먼저 진실이 제대로 전달되어야 하는데 프랑스 혁명의 현장은 특권계급은 특권계급대로, 시민들은 시민들대로 자신에게 유리하게 왜곡되어서 전달된 진실만을 접할 수 있었을 뿐입니다. 그리스와 같은 시민교육이 자리 잡지 못한 현장에서 제대로 된 숙고 없이 즉흥적으로 이루어진 시민들의 선택은 오랜 폭력과 갈등의 시간을 불러왔습니다. 그런 시간이 지나고서야 인권선언의 이념이 자리 잡기 시작했지요.

독일의 바이마르 공화국의 몰락 또한 프랑스처럼 숙고가 결여된 사회가 가져다주는 비극을 경험할 수 있는 현장이었습니다. 등 뒤에서 칼에 찔렸다는, 요즘 식으로 말하면 가짜 뉴스가 널리 퍼짐에 따라 민주주의 자체를 혐오하게 된 사람들에게 민주공화국을 위한 선택을 하게 했으니 그 결과는 플라톤이 예상한 대로 나치의 지배라는, 참주정에 나라를 넘겨주는 것으로 귀결

될 수밖에 없었던 거지요. 참주(tyrant)란 비합법적 방법으로 신분을 뛰어넘어 권력을 쥔 사람을 뜻하므로 폭군, 독재자들을 두루 일컬을 수 있는 말이니까요.

미국은 어떠한가요. 미국은 독립 당시 신생 공화국으로서 전통이라는 부담 없이 출발할 수 있다는 장점이 있었습니다. 그리고 이 장점을 잘 살린 헌법 제정의 현장은 지금 시점으로 보아도 많은 나라의 헌법의 현장과는 다른 숙고와 경의가 있는 현장이었습니다. 다만 여성들의 권리를 인정하지 않고 노예제도를 인정하는 등 문제가 있었고, 따라서 모든 면에서 충분히 평등한 헌법은 아니었지요. 하지만 미국이 남북전쟁과 같은 국가적 위기를 겪었으면서도 여러 번 수정헌법을 반포하는 등 좀 더 진전된 민주주의를 위해서 꾸준히 나아간 것은 이런 민주주의에 대한 존중의 정신이 바탕에 깔려 있었기 때문이 아닐까요. 그러나 현재의 미국이 민주주의의 완성형을 향해 일관되게 나아가고 있다고 보기는 어려울 것 같습니다. 세계의 변화를 수용해 나가는 조화로운 방법을 찾아 나간다는 민주주의가 늘 직면하는 과제 앞에 서 있는 것처럼 보이기도 하니까요.

우리나라의 현장은 어떤가요. 제헌헌법의 현장이나 이후의 현장을 숙고, 정의, 경의가 충분히 아우러지는 현장이라고 평가하기는 어려울 것 같습니다. 마치 프랑스 혁명기나 바이마르 공화국의 현장처럼 전문가들의 논변도 부족했지만 지식이 없는 상태에서 충분한 선택을 할 수 있을 만큼의 훈련이나 여유도 우리에게는 없었기에 거듭 시행착오를 해 가면서 현재에 이르렀다고 할 수 있습니다. 다만 민주주의를 받아들인 지 아직 100년도 채 되지 않은 나라로서 민주주의를 향하여 계속 도전해 왔고 '스스로의 실수를 인정하고 그 실수로부터 배울 준비가 되어 있다'는 점에서는 평가를 할 여지가 있다고 생각해 봅니다.

그러면 우리나라 헌법뿐 아니라 근대를 대표하는 여러 헌법의 역사에서 얻은 교훈이 더 좋은 민주주의를 위한 선택의 순간에 기여할 수 있게 되기를 기원하며 여기서 긴 여행을 마칩니다. 지금까지 여행에 동행해 주신 여러분께 진심으로 감사 인사를 드립니다. 특히 책을 만드는 과정부터 동행하신 풀빛출판사의 김재실, 홍순용 님께도 이 자리를 빌려 감사 인사를 드립니다.

2020. 6. 김영란

3장 미국 독립선언서, 헌법에 살을 붙이다

《미국은 드라마다》 강준만 지음, 인물과사상사, 2014
《미국헌법을 읽다》 양자오 지음, 박다짐 옮김, 유유, 2018
《미국헌법학 강의》 강승식 지음, 궁리, 2007
《상식론》 토마스 페인 지음, 박광순 옮김, 범우사, 2007
《연초도매상》 존 바스 지음, 이운경 옮김, 민음사, 2007
《이야기 미국사》 이구한, 청아출판사, 2016
《인권 이펙트》 크리스토퍼 히친스 지음, 박홍규·인트랜스 번역원 옮김, 세종서적, 2012
《주홍글자》 너새니얼 호손 지음, 김지원·한혜경 옮김, 펭귄클래식 코리아, 2009

4장 바이마르 헌법, 현대 헌법의 기틀이 되다

《마지막 수업》 알퐁스 도데 지음, 송은실 옮김, 소담출판사, 1991
《바이마르공화국의 해체》 칼 디트리히 브라허 지음, 이병련·이대헌·한운석 옮김, 나남, 2011
《비스마르크에서 히틀러까지》 제바스티안 하프너 지음, 안인희 옮김, 돌베개, 2016
《왜 제1차 세계대전은 끝나지 않았는가》 로버트 거워스 지음, 최파일 옮김, 김영사, 2018
《케테 콜비츠》 카테리네 크라머 지음, 이순례·최영진 옮김, 실천문학사, 1991

5장 대한민국, 헌법을 논의하다
《새로운 헌법 필요한가》 양건·박명림·박은정·김재원 외 지음, 대화문화아카데미, 2008
《한국 현대사 산책》 강준만 지음, 인물과사상사, 2004
《헌법의 이름으로》 양건 지음, 사계절, 2018

에필로그: 경의, 정의, 숙고를 경험하다
《국가》 플라톤 지음, 천병희 옮김, 도서출판 숲, 2013

─────────────────── 기타 네이버 지식백과, 위키피디아, 국가법령정보센터 등 참조

김영란의 헌법 이야기

인간의 권리를 위한 투쟁의 역사

초판 1쇄 인쇄 2020년 7월 3일
초판 1쇄 발행 2020년 7월 10일

지은이 김영란

펴낸이 홍석
기획 김재실 편집 홍순용 디자인 노승환
마케팅 홍성우·이가은·이송희 관리 김정선·정원경·최우리

펴낸곳 도서출판 풀빛 등록 1979년 3월 6일 제8-24호
주소 03762 서울특별시 서대문구 북아현로 11가길 12 3층
전화 02-363-5995(영업부), 02-362-8900(편집부) 팩스 02-393-3858
홈페이지 www.pulbit.co.kr 전자우편 inmun@pulbit.co.kr

ISBN 979-11-6172-767-7 03360

이 도서의 국립중앙도서관 출판예정도서목록(CIP)은
서지정보유통지원시스템 홈페이지(http://seoji.nl.go.kr)와
국가자료종합목록 구축시스템(http://kolis-net.nl.go.kr)에서 이용하실 수 있습니다.
(CIP제어번호 : CIP2020017895)